रादशगीव : द सुंबा वीर

विवेक कुमार पांडे शंभूनाथ

- यह कहानी है लंकेश पति रावण की रादशगीवृ : द सुंबा वीर ।

रावण ने पहली बार सुंबा को जीतकर उस पर शासन किया । फिर लंका के नरेश बने रावण।

कहते हैं रावण के दस सिर थे। क्या सचमुच यह सही है? कुछ विद्वान मानते हैं कि रावण के दस सिर नहीं थे किंतु वह दस सिर होने का भ्रम पैदा कर देता था इसी कारण लोग उसे दशानन कहते थे। कुछ विद्वानों अनुसार रावण छह दर्शन और चारों वेद का ज्ञाता था इसीलिए उसे दसकंठी भी कहा जाता था। दसकंठी कहे जाने के कारण प्रचलन में उसके दस सिर मान लिए गए।

जैन शास्त्रों में उल्लेख है कि रावण के गले में बड़ी-बड़ी गोलाकार नौ मणियां होती थीं। उक्त नौ मणियों में उसका सिर दिखाई देता था जिसके कारण उसके दस सिर होने का भ्रम होता था।हालांकि ज्यादातर विद्वान और पुराणों अनुसार तो यही सही है कि रावण एक मायावी व्यक्ति था, जो अपनी माया के द्वारा दस सिर के होने का भ्रम पैदा कर सकता था। उसकी मायावी शक्ति और जादू के चर्चे जग प्रसिद्ध थे।रावण के दस सिर होने की चर्चा रामचरितमानस में आती है। वह कृष्णपक्ष की अमावस्या को युद्ध के लिए चला था तथा एक-एक दिन क्रमशः एक-एक सिर कटते थे। इस तरह दसवें दिन अर्थात् शुक्लपक्ष की दशमी को रावण का वध हुआ। इसीलिए दशमी के दिन रावण दहन किया जाता है।

रामचरितमानस में वर्णन आता है कि जिस सिर को राम अपने बाण से काट देते थे पुनः उसके स्थान पर दूसरा सिर उभर आता था। विचार करने की बात है कि क्या एक अंग के कट जाने पर वहाँ पुनः नया अंग उत्पन्न हो सकता है? वस्तुतः रावण के ये सिर कृत्रिम थे- आसुरी माया से बने हुए। मारीच का चांदी के बिन्दुओं से युक्त स्वर्ण मृग बन जाना, रावण का सीता के समक्ष राम का कटा हुआ सिर रखना आदि से सिद्ध होता है कि राक्षस मायावी थे। वे अनेक प्रकार के इन्द्रजाल (जादू) जानते थे। तो रावण के दस सिर और बीस हाथों को भी मायावी या कृत्रिम माना जा सकता है।

नाभि में जीवन : ऐसी मान्यता है कि रावण ने अमृत्व प्राप्ति के उद्देश्य से भगवान ब्रह्मा की घोर तपस्या कर वरदान माँगा, लेकिन ब्रह्मा ने उसके इस वरदान को न मानते हुए कहा कि तुम्हारा जीवन नाभि में स्थित रहेगा। रावण की अजर-अमर रहने की इच्छा रह ही गई। यही कारण था कि जब भगवान राम से रावण का युद्ध चल रहा था तो रावण और

उसकी सेना राम पर भारी पड़ने लगे थे। ऐसे में विभीषण ने राम को यह राज बताया कि रावण का जीवन उसकी नाभि में है। नाभि में ही अमृत है। तब राम ने रावण की नाभि में तीर मारा और रावण मारा गया।

रावण का परिवार : रावण ब्राह्मण पिता और राक्षस माता का पुत्र था। वाल्मीकि रामायण के अनुसार रावण पुलस्त्य मुनि का पोता था अर्थात् उनके पुत्र विश्वश्रवा का पुत्र था। विश्वश्रवा की वरवर्णिनी और कैकसी नामक दो पत्नियां थी। वरवर्णिनी के कुबेर को जन्म देने पर सौतिया डाह वश कैकसी ने अशुभ समय में गर्भ धारण किया। इसी कारण से उसके गर्भ से रावण तथा कुम्भकर्ण जैसे क्रूर स्वभाव वाले भयंकर राक्षस उत्पन्न हुए।

ऋषि विश्वश्रवा ने ऋषि भारद्वाज की पुत्री से विवाह किया था जिनसे कुबेर का जन्म हुआ। विश्वश्रवा की दूसरी पत्नी कैकसी से रावण, कुंभकरण, विभीषण और सूर्पणखा पैदा हुई थी। लक्ष्मण ने सूर्पणखा की नाक काट दी थी।

रावण का विवाह : कुबेर को बेदखल कर रावण के लंका में जम जाने के बाद उसने अपनी बहन शूर्पणखा का विवाह कालका के पुत्र दानवराज विद्युविह्वा के साथ कर दिया। उसने स्वयं दिति के पुत्र मय की कन्या मन्दोदरी से विवाह किया, जो हेमा नामक अप्सरा के गर्भ से उत्पन्न हुई थी। माना जाता है कि मंदोदरी राजस्थान के जोधपुर के निकट मन्डोर की थी।

विरोचनकुमार बलि की पुत्री वज्रज्वला से कुम्भकर्ण का और गन्धर्वराज महात्मा शैलूष की कन्या सरमा से विभीषण का विवाह हुआ। कुछ समय पश्चात् मन्दोदरी ने मेघनाद को जन्म दिया, जो इन्द्र को परास्त कर संसार में इन्द्रजीत के नाम से प्रसिद्ध हुआ।

मंदोदरी से रावण को पुत्र मिले- इंद्रजीत, मेघनाद, महोदर, प्रहस्त, विरुपाक्ष भीकम वीर। ऐसा माना जाता है कि राम-रावण के युद्ध एक मात्र विभीषण को छोड़कर उसके पूरे कुल का नाश हो गया था।

रावण का राज्य विस्तार : रावण ने सुंबा और बालीद्वीप को जीतकर अपने शासन का विस्तार करते हुए अंगद्वीप, मलयद्वीप, वराहद्वीप, शंखद्वीप, कुशद्वीप, यवद्वीप और आंध्रालय पर विजय प्राप्त की थी। इसके बाद रावण ने लंका को अपना लक्ष्य बनाया। लंका पर कुबेर का राज्य था।आज के युग अनुसार रावण का राज्य विस्तार, इंडोनेशिया,

मलेशिया, बर्मा, दक्षिण भारत के कुछ राज्य और श्रीलंका पर रावण का राज था।

दरअसल माली, सुमाली और माल्यवान नामक तीन दैत्यों द्वारा त्रिकुट सुबेल पर्वत पर बसाई लंकापुरी को देवों और यक्षों ने जीतकर कुबेर को लंकापति बना दिया था। रावण की माता कैकसी सुमाली की पुत्री थी। अपने नाना के उकसाने पर रावण ने अपनी सौतेली माता इलविल्ला के पुत्र कुबेर से युद्ध की ठानी, परंतु पिता ने लंका रावण को दिलासा दी तथा कुबेर को कैलाश पर्वत के आसपास के त्रिविष्टप (तिब्बत) क्षेत्र में रहने के लिए कह दिया। इसी तारतम्य में रावण ने कुबेर का पुष्पक विमान भी छीन लिया।

रावण ने रचा था नया संप्रदाय : आचार्य चतुरसेन द्वारा रचित बहुचर्चित उपन्यास 'वयम् रक्षामः' तथा पंडित मदन मोहन शर्मा शाही द्वारा तीन खंडों में रचित उपन्यास 'लंकेश्वर' के अनुसार रावण शिव का परम भक्त, यम और सूर्य तक को अपना प्रताप झेलने के लिए विवश कर देने वाला, प्रकांड विद्वान, सभी जातियों को समान मानते हुए भेदभावरहित समाज की स्थापना करने वाला था। सुरों के खिलाफ असुरों की ओर थे रावण। रावण ने आर्यों की भोग-विलास वाली 'यक्ष' संस्कृति से अलग सभी की रक्षा करने के लिए 'रक्ष' संस्कृति की स्थापना की थी। यही राक्षस थे।

शिव तांडव स्तोत्र : रावण ने शिव तांडव स्तोत्र की रचना करने के अलावा अन्य कई तंत्र ग्रंथों की रचना की। रावण ने कैलाश पर्वत ही उठा लिया था और जब पूरे पर्वत को ही लंका ले जाने लगा, तो भगवान शिव ने अपने अंगूठे से तनिक-सा जो दबाया तो कैलाश पर्वत फिर जहां था वहीं अवस्थित हो गया। इससे रावण का हाथ दब गया और वह क्षमा करते हुए कहने लगा- 'शंकर-शंकर'- अर्थात क्षमा करिए, क्षमा करिए और स्तुति करने लग गया। यह क्षमा याचना और स्तुति ही कालांतर में 'शिव तांडव स्तोत्र' कहलाया।

अरुण संहिता : संस्कृत के इस मूल ग्रंथ को अकसर 'लाल-किताब' के नाम से जाना जाता है। इस का अनुवाद कई भाषाओं में हो चुका है। मान्यता है कि इस का ज्ञान सूर्य के सारथी अरुण ने लंकाधिपति रावण को दिया था। यह ग्रंथ जन्म कुण्डली, हस्त रेखा तथा सामुद्रिक शास्त्र का मिश्रण है।

रावण संहिता : रावण संहित जहां रावण के संपूर्ण जीवन के बारे में बताती है वहीं इसमें ज्योतिष की बेहतर जानकारियों का भंडार है।

रावण पर रचना : पुराणों सहित इतिहास ग्रंथ वाल्मीकि रामायण और रामचरित रामायण में तो रावण का वर्णन मिलता ही है किंतु आधुनिक काल में आचार्य चतुरसेन द्वारा रावण पर 'वयम् रक्षामः' नामक बहुचर्चित उपन्यास लिखा गया है। इसके अलावा पंडित मदनमोहन शर्मा शाही द्वारा तीन खंडों में 'लंकेश्वर' नामक उपन्यास भी पठनीय है।

लंका पुराण : माली, सुमाली और माल्यवान नामक तीन दैत्यों द्वारा त्रिकुट सुबेल पर्वत पर बसाई लंकापुरी को देवों और यक्षों ने जीतकर कुबेर को लंकापति बना दिया था। रावण की माता कैकसी सुमाली की पुत्री थी। अपने नाना के उकसाने पर रावण ने अपनी सौतेली माता इलविल्ला के पुत्र कुबेर से युद्ध की ठानी, परंतु पिता ने लंका रावण को दिला दी तथा कुबेर को कैलाश पर्वत के आसपास के त्रिविष्टप क्षेत्र (तिब्बत) में रहने के लिए कह दिया। इसी तारतम्य में रावण ने कुबेर का पुष्पक विमान भी छीन लिया था।

अन्य मत : कुबेर रावण का सौतेला भाई था। कुबेर धनपति था। कुबेर ने लंका पर राज कर उसका विस्तार किया था। रावण ने कुबेर से लंका को हड़पकर उस पर अपना शासन कायम किया। ऐसा माना जाता है कि लंका को भगवान शिव ने बसाया था। भगवान शिव ने पार्वती के लिए पूरी लंका को स्वर्णजड़ित बनवाया था।

शिवभक्त रावण : एक बार रावण जब अपने पुष्पक विमान से यात्रा कर रहे थे तो रास्ते में एक वनक्षेत्र से गुजर रहे थे। उस क्षेत्र के पहाड़ पर शिवजी ध्यानमग्न बैठे थे। शिव के गण नंदी ने रावण को रोकते हुए कहा कि इधर से गुजरना सभी के लिए निषिद्ध कर दिया गया है, क्योंकि भगवान तप में मगन हैं।रावण को यह सुनकर क्रोध उत्पन्न हुआ। उसने अपना विमान नीचे उतारकर नंदी के समक्ष खड़े होकर नंदी का अपमान किया और फिर जिस पर्वत पर शिव विराजमान थे उसे उठाने लगा। यह देख शिव ने अपने अँगूठे से पर्वत को दबा दिया जिस कारण रावण का हाथ भी दब गया और फिर वह शिव से प्रार्थना करने लगा की मुझे मुक्त कर दें। इस घटना के बाद वह शिव का भक्त बन गया।

रावण की विनम्रता : राम ने जब रामेश्वरम् में शिवलिंग की स्थापना की थी तब विद्वान पंडित की आवश्यकता थी। रावण ने इस आमंत्रण को स्वीकारा था। दूसरी और राम-रावण के युद्ध के दौरान रावण ने लंका के ख्यात आयुर्वेदाचार्य सुषेण द्वारा अनुमति मांगे जाने पर घायल लक्ष्मण की चिकित्सा करने की अनुमति सहर्ष प्रदान की थी। इस तरह रावण की विनम्रता और अच्छाई के किस्से भी कई है।रावण ने दो वर्ष सीता को अपने पास बंधक बनाकर रखा था, लेकिन उसने भूलवश भी सीता को छूआ तक नहीं था। हालांकि इसके

पीछे उसकी प्रतिज्ञा थी।

रावण का शव : अंतरिक्ष एजेंसी नासा का प्लेनेटेरियम सॉफ्टवेयर रामायणकालीन हर घटना की गणना कर सकता है। इसमें राम को वनवास हो, राम-रावण युद्ध हो या फिर अन्य कोई घटनाक्रम। इस सॉफ्टवेयर की गणना बताती है कि ईसा पूर्व 5076 साल पहले राम ने रावण का संहार किया था।

क्रम-सूची

क्रम-सूची

प्रस्तावना

रादशगीवृ : द सुंबा वीर एक अनोखी और महाकाव्य कहानी का उल्लेख किया गया है । इस किताब को लिखने के दौरान कोई भी धर्म या जाति और समाज एवम् किसी भी परिवार के सदस्य को नुक्सान नहीं पहुंचाया गया है। हम किसी को ठेस नहीं पहुंचाना चाहते हैं ।

भूमिका

लेखक जीवनी :

मेरा नाम विवेक कुमार पांडे है और मैं एक लेखक हु , में गुजरात के सुरत में निवास करता हूं.मेरा जन्म ३० सेप्टेंबर २००२ में हुआ था, और मुझे बचपन से एक्टर बनने का सोख रहा है और अभी भी है.। में कभी ये नहीं सोचता की लोग क्या कर रहे हैं में ये सोचता हूं कि में क्या कर रहा हूं, में आज सफल हूं तो अपने पापा की वजह से आज वो रहते तो उन्हें बहुत खुशी होती , वो सदा और हमेशा मेरे साथ रहेंगे.। मेरे रियल लाइफ के सुपरस्टार और सुपर हीरो मेरे प्यारे पापा है । आई लव यू पापा । पापा को मेरे हाथ कि चाय बहुत अच्छी लगती थी ।

जब उनका मन करता था चाय पीने के लिए तो वो कहते थे । मुझे चाय पीना है कौन बनाएगा मम्मी कहती में बना देती हूं लेकिन पापा कहते नहीं मेरा बेटा बनाएगा । उसके हाथ कि चाय मुझे बहुत अच्छा लगता है । जब भी काम करके घर आने वाले होते हैं तब मुझे फोन करते है विवेक बेटा बोलो क्या खाओगे सेब ले लु । में कहता ठीक है पापा ले लिजिए । पापा कहते कितना लू एक किलो या 2 किलो । में कहता नहीं पापा सिर्फ में ही खाता हूं भईया और दीदी को फल अच्छा ही नहीं लगता है इसलिए 3 सेब ले लेना । लेकिन पापा मेरे लिए दो तीन किलो फल लेकर आ ही जाते थे । पहले ले लेते फिर मुझे फोन करते । हमेशा ऐसा ही करते थे ।

में ये नहीं कह रहा हूं कि मुझे बहुत ज्यादा प्यार और मानते थे । वो अपने तीनों संतानों को प्यार करते थे । सबसे छोटा तो में ही था घर में , मुझसे बड़ी मेरी बहन और मेरी बहन से भी बड़े मेरे भईया । में आज भी वो दिन का इंतजार कर रहा हूं जब पापा मेरे लिए कुछ लेकर आएंगे । मेरे कान तरस रहे है वो आवाज़ सुनने के लिए । लेकिन कहते हैं जो चीज चली जाए वो कभी लौटकर नहीं आती है । आप सभी से निवेदन है आप अपने मम्मी और पापा का ध्यान रखें । दुनिया में एक ही भगवान है वो है माता ओर पिता ।

में बहुत ही शरारती था बचपन में । मुझे किताब लिखने का शोख बचपन से ही था । जब में तीसरी कक्षा में पढ़ता था । तब से ही किताब लिखता था में और मेरा दोस्त हम दोनों किताब लिखके सभी को दिखाते थे और कहते थे जिन्हें मेरा किताब अच्छा लगे तो अपना हस्ताक्षर कर दे । मेरे अंदर एक बहुत ही खास विशेषता है में किसी के चक्कर में नहीं रहता हूं । कौन क्या कर रहा है करने दो मुझे कुछ फर्क नहीं पड़ता है । मुझे सिर्फ अपने आप पर ध्यान देना है ।

क्योंकि दुनिया में ऐसे भी लोग हैं जो नहीं खुद कुछ करना चाहते हैं और नहीं दुसरो को कुछ करने देना चाहते हैं । एक बात ध्यान रखें अगर आप कोई भी नया काम करते हैं तो पहले लोग ताना मारते ही है । ये मत करो वो मत करो तुम्हारे बस कि बात नहीं है , तुम नहीं कर सकते हो . मुझे यह पता नहीं चलता लोग इतना सुझाव क्यों देते हैं । हमें जो करना है

हम वहीं करेंगे । कई लोग हैं जो दुसरो के कहने पर वही करते हैं लेकिन मैं आपसे कह रहा हूं आप जो करना चाहे वो करे किसी के कहने पर खाई में मत कुदे । आपकी जिंदगी आपके ही हाथों में है लोगों के हाथों में नहीं है ।

मेरा बस एक ही सपना है की में नाम कमाकर अपने पिताजी का अधुरा सपना पूरा करूं ।

1

शूर्पणखा

पंचवटी के अपने आश्रम में रामचन्द्र सीता के साथ सुखपूर्वक रहने लगे। एक दिन जब राम और लक्ष्मण वार्तालाप कर रहे थे तो वहाँ पर अकस्मात् रावण की बहन शूर्पणखा नामक राक्षसी आ पहुँची। वह राम के तेजस्वी मुखमण्डल, कमल-नयन तथा नीलाम्बुज सदृश शरीर की कान्ति को चकित होकर देख रही थी। राम का मुख सुन्दर था किन्तु शूर्पणखा का मुख अत्यन्त कुरूप था। राम का कटिप्रदेश एवं उदर क्षीण था किन्तु शूर्पणखा बेडौल लंबे पेट वाली थी। राम के नेत्र विशाल एवं मनोहर थे किन्तु शूर्पणखा की आँखें कुरूप तथा डरावनी थीं। राम की वाणी मधुर थी किन्तु शूर्पणखा भैरवनाद करने वाली थी। राम का रुप मनोहर था किन्तु शूर्पणखा का रूप वीभत्स एवं विकराल था।

उन्हें देख कर उसके हृदय में वासना का भाव जागृत हो उठा। इच्छानुसार रूप धारण करने वाली वह राक्षसी मनोहर रूप बनाकर राम के पास पहुँची और बोली, "तुम कौन हो? राक्षसों के इस देश में तुम कैसे आ गये? तुम्हारा वेश तो तपस्वियों जैसा है, किन्तु हाथों में धनुष बाण भी है। साथ में स्त्री भी है। ये बातें परस्पर विरोधी हैं। तुम मुझे अपना परिचय दो"

राम ने सरल भाव से कहा, "हे देवि! मैं अयोध्या के चक्रवर्ती नरेश महाराजा दशरथ का ज्येष्ठ पुत्र राम हूँ। मेरे साथ मेरा छोटा भाई लक्ष्मण और जनकपुरी के महाराज जनक की राजकुमारी तथा मेरी पत्नी सीता हैं। पिताजी की आज्ञा से हम चौदह वर्ष के लिये वनों में निवास करने के लिये आये हैं। यही हमारा परिचय है। अब तुम अपना परिचय देकर मेरी इस जिज्ञासा को शान्त करो क्योंकि मुझे प्रतीत होता है कि तुम कोई इच्छानुसार रूप धारण करने वाली राक्षसी हो?"

राम के प्रश्न का उत्तर देते हुए वह राक्षसी बोली, "मेरा नाम शूर्पणखा है। मैं लंका के नरेश परम प्रतापी महाराज रावण की बहन हूँ। समस्त संसार में विख्यात विशालकाय कुम्भकरण और परम नीतिवान विभीषण भी मेरे भाई हैं। वे सब लंका में निवास करते हैं। पंचवटी के स्वामी अत्यन्त पराक्रमी खर और दूषण भी मेरे भाई हैं। संसार में शायद ही कोई वीर ऐसा होगा जो इन दोनों भाइयों के साथ समरभूमि में युद्ध करके उन्हें पराजित कर सके। मैं सर्व

प्रकार से सम्पन्न हूँ और अपनी इच्छा तथा शक्ति से समस्त लोकों में विचरण कर सकती हूँ। यह तुम्हारी पत्नी सीता मेरी दृष्टि में कुरूप, ओछी, विकृत मानवी है और तुम्हारे योग्य नहीं है। अतः तुम मेरे पति बन जाओ, मैं ही तुम्हारे अनुरूप हूँ। इस अबला सीता को लेकर तुम क्या करोगे। तुम्हारी भार्या बनने के पश्चात् मैं तुम्हारे भाई और सीता को खा जाउँगी और तुम्हारे साथ विचरण करूँगी।"

उसके प्रस्ताव के उत्तर में राम मुसकाते हुए बोले, "भद्रे! तुम देख रही हो कि मैं विवाहित हूँ और मेरी पत्नी मेरे साथ है। हाँ, मेरा भाई लक्ष्मण यहाँ अकेला है। वह सुन्दर, शीलवान एवं बल-पराक्रम से सम्पन्न है। यदि तुम चाहो तो उसे सहमत करके उससे विवाह कर सकती हो।"

राम का उत्तर सुन शूर्पणखा ने लक्ष्मण के पास जाकर कहा, "हे राजकुमार! तुम सुन्दर हो और मैं युवा हूँ। तुम्हारे इस सुन्दर रूप के योग्य मैं ही हूँ, अतः मैं ही तुम्हारी परम सुन्दरी भार्य हो सकती हूँ। मुझे अंगीकार कर लेने पर तुम मेरे साथ इस दण्डकारण्य में सुखपूर्वक विचरण कर सकोगे।"

शूर्पणखा के इस विवाह प्रस्ताव को सुन कर वाक्-पटु लक्ष्मण ने कहा, "सुन्दरी! मैं राम का एक तुच्छ सा दास हूँ। मुझसे विवाह करके तुम केवल दासी कहलाओगी। अच्छा यही है कि तुम राम से ही विवाह कर के उनकी छोटी भार्या बन जाओ। तुम्हारा रूप-सौन्दर्य उन्हीं के योग्य है।"

लक्ष्मण के परिहास को न समझ कर शूर्पणखा ने उसे अपनी प्रशंसा समझा। वह पुनः राम के पास जा कर क्रोध से बोली, "हे राम! इस कुरूपा सीता के लिये तुम मेरा विवाह प्रस्ताव अस्वीकार कर के मेरा अपमान कर रहे हो। इसलिये पहले मैं इसे ही मार कर समाप्त किये देती हूँ। फिर तुम्हारे साथ विवाह कर के मैं अपना जीवन आनन्दपूर्वक व्यतीत करूँगी।"

इतना कह कर प्रचंड क्रोध करती हुई शूर्पणखा विद्युत वेग से सीता पर झपटी। राम ने उसके इस आकस्मिक आक्रमण को तत्परतापूर्वक रोका और लक्ष्मण से बोले, "हे वीर! इस दुष्टा राक्षसी से अधिक वाद-विवाद करना या इसके साथ हास्य विनोद करना उचित नहीं है। इसने तो जानकी की हत्या ही कर डाली होती। तुम्हें इस कुरूपा और कुलटा राक्षसी को उसके किसी अंग से विहीन कर देना चाहिये।"

राम की आज्ञा पाते ही लक्ष्मण ने तत्काल खड्ग निकाला और दुष्टा शूर्पणखा के नाक-कान काट डाले। पीड़ा और घोर अपमान के कारण रोती हुई शूर्पणखा अपने भाइयों, खर-दूषण, के पास पहुँची और घोर चीत्कार कर के उनके सामने गिर पड़ी।

2

खर-दूषण से युद्ध

शूर्पणखा का रक्त-रंजित मुखमण्डल देखकर वह क्रोध से काँपते हुये बोला, "बहन! मूर्छा और घबराहट छोड़ मुझे बताओ कि किसने तुम्हें रूपहीन बनाया है? किसने आज इस निद्रानिमग्न नागराज को छेड़ने की मूर्खता की है? किसके सिर पर काल नाच रहा है? मुझे शीघ्र उसका नाम बताओ, उस अपराधी को मेरे क्रोध से देवता, गन्धर्व, पिशाच और राक्षस कोई भी नहीं बचा सकता।"

खर के मुख से निकले इन वचनों सुन कर शूर्पणखा का कुछ धैर्य बँधा। उसने रोते-रोते खर से कहा, " राम और लक्ष्मण नामक दो राजकुमार, जो अयोध्या के राजा दशरथ के पुत्र हैं, इस वन में आये हुये हैं। उनके साथ राम की भार्या सीता भी है। वे दोनों ही बड़े सुन्दर, पराक्रमी और तपस्वी प्रतीत होते हैं। जब मैंने उनसे राम की पत्नी के विषय में पूछा तो वे चिढ़ गये और उनमें से एक ने मेरे नाक-कान काट लिये। भैया! तुम शीघ्र उन्हें परलोक भेज कर उनसे मेरे अपमान का प्रतिशोध लो। मेरे हृदय को शान्ति तभी मिलेगी जब मैं उन तीनों का गरम-गरम रुधिर पी लूँगी।"

तत्काल ही खर ने अपनी सेना के चौदह यमराज के समान भयंकर योद्धा एवं पराक्रमी राक्षसों को आज्ञा दी कि शूर्पणखा के साथ जा कर उन तीनों का वध करो। मेरी बहन को वहीं उनके शरीर का गरम-गरम रक्त पिला कर इसके अपमान की ज्वाला को शान्त करो। खर की आज्ञा पाते ही वे राक्षस भयंकर अस्त्र-शस्त्रों से सुसज्जित होकर राम, लक्ष्मण तथा सीता का वध करने के लिये शूर्पणखा के साथ चल पड़े।

शूर्पणखा के साथ इस राक्षस दल को देखकर राम लक्ष्मण से बोले, "लक्ष्मण! तुम सीता के पास खड़े होकर उसकी रक्षा करो। मैं अभी इन राक्षसों को मार कर यमलोक भेजता हूँ।"

इसके पश्चात् राम धनुष पर प्रत्यंचा चढ़ा कर बाण सँभालकर उन राक्षसों से बोले, "दुष्टों! हम लोग तपस्वी धर्म का पालन कर रहे हैं और किसी निर्दोष पर कभी वार नहीं करते। तुम सब पापात्मा तथा ऋषियों का अपराध करने वाले हो। उन ऋषि-मुनियों की आज्ञा से ही मैं धनुष-बाण लेकर तुम लोगों का वध करने आया हूँ। तुम्हें यदि युद्ध से संतोष

प्राप्त होता हो तो यहाँ ही खड़े रहो अन्यथा लौट जाओ।"

उन राक्षसों ने एक साथ राम पर अपने शस्त्रों से आक्रमण कर दिया। प्रत्युत्तर में राम ने एक साथ चौदह बाण छोड़े जिन्होंने उनकी छातियों में घुस कर उनके प्राणों का हरण कर लिया। वे भूमि पर गिर कर तड़पने लगे और मृत्यु को प्राप्त हुये।

सभी राक्षसों के इस प्रकार मर जाने पर शूर्पणखा रोती-बिलखती खर के पास जाकर बोली, "उन सब राक्षसों को अकेले राम ने ही वध कर डाला। वे सब मिल कर भी उसका कुछ न कर सके। मुझे तो प्रतीत होता है कि तुम महासमर में सबल होने के बाद भी राम के सामने युद्ध में नहीं ठहर सकोगे। यदि तुम स्वयं को शूरवीर समझते हो तो तुम अपनी सम्पूर्ण शक्ति लगा कर उससे युद्ध करो। यदि तुमने शत्रुघाती राम का वध नहीं किया तो मैं तुम्हारे समक्ष ही आत्महत्या करके अपना प्राण त्याग दूँगी।"

शूर्पणखा के द्वारा इस प्रकार तिरस्कृत होने पर खर ने क्रोधित होकर कहा, "शूर्पणखे! तू व्यर्थ ही भयभीत हो कर आत्महत्या करने का प्रलाप कर रही है। मैं तत्काल जाकर उन दोनों भाइयों का वध कर डालूँगा। मेरे समक्ष उनका तेज वैसे ही है जैसे कि सूर्य के सामने जुगनू। तू अकारण चिंता करना त्याग दे।"

शूर्पणखा को सान्त्वना देकर खर अपनी विशाल सेना, जिसमें चौदह सहस्त्र विकट योद्धा थे, को साथ लेकर राम से संग्राम करने के लिये तीव्र गति से चला। विशाल सेना के साथ खर को आते देख कर राम ने लक्ष्मण से कहा, "महाबाहो! ऐसा प्रतीत होता है कि राक्षसराज अपने पूरे दल-बल के साथ चला आ रहा है। आज आर्य और अनार्य के मध्य संघर्ष होगा और निःसन्देह आर्य की विजय होगी। तुम सीता की रक्षा के लिये उसे साथ ले कर शीघ्र ही किसी गुफा में चले जाओ ताकि मैं निश्चिंत होकर युद्ध कर सकूँ।"

लक्ष्मण ने तत्काल अपने अग्रज की आज्ञा पालन किया। वे सीता को ले कर पर्वत की एक अँधेरी कन्दरा में चले गये। अभेद्य कवच धारण कर के राम युद्ध के लिये तैयार हो गये। देवता, यक्ष, किन्नर, गन्धर्व आदि सभी राम के विजय के लिये परमात्मा से इस प्रकार प्रार्थना करने लगे कि हे त्रिलोकीनाथ! वीर पराक्रमी रामचन्द्र को इतनी शक्ति प्रदान करो कि उनके हाथों गौ, ब्राह्मणों तथा ऋषि-मुनियों को अनेक प्रकार से कष्ट देने वाले राक्षसों का नाश हो सके। राक्षसों की सेना ने राम को चारों ओर से घेर लिया तथा आक्रमण की तैयारी करने लगे। राम ने भीषण विनाश करने वाली अग्नि बाण छोड़ दिया जिससे राक्षस हाहाकार करने लगे। राम तत्परता के साथ राक्षसों के द्वारा छोड़े गये बाणों को अपने बाणों से आकाश में ही काटने लगे।

इस पर राक्षसों ने अत्यन्त क्रोधित होकर एक साथ बाणों की वर्षा करना आरम्भ कर दिया और राम चारों ओर से उनके बाणों से आच्छादित हो गये। राम ने अपने धनुष को मण्डलाकार करके अद्भुत हस्त-लाघव का प्रदर्शन करते हुये बाणों को छोड़ना आरम्भ कर दिया जिससे राक्षसों के बाण कट-कट कर भूमि पर गिरने लगे। यह ज्ञात ही नहीं हो पाता था कि कब उन्होंने तरकस से बाण निकाला, कब प्रत्यंचा चढ़ाई और कब बाण छूटा। राम के

बाणों के लगने से राक्षसगण निष्प्राण होकर भूमि में लेटने लगे। अल्पकाल में ही राक्षसों की सेना उसी भाँति छिन्न-भिन्न हो गई जैसे आँधी आने पर बादल छिन्न-भिन्न हो जाते हैं। पूरा युद्धस्थल राक्षसों के कटे हुये अंगों से पट गया।

3

खर-दूषण वध

खर की सेना की दुर्दशा देख कर दूषण अपनी विशाल सेना को साथ ले कर राम के समक्ष आ डटा। कुछ ही काल में राम के बाणों से उसकी सेना की भी वैसी ही दशा हो गई जैसा कि खर की सेना की हुई थी। अपनी सेना की दुर्दशा देख कर क्रुद्ध दूषण ने मेघ के समान घोर गर्जना की और तीक्ष्ण बाणों की वर्षा आरम्भ कर दी। उसके इस आक्रमण से कुपित होकर राम ने चमकते खुर से दूषण के धनुष को काट डाला तथा एक साथ चार बाण छोड़ कर उसके रथ के चारों घोड़ों को बींध दिया जिससे चारों घोड़े निष्प्राण होकर भूमि पर गिर पड़े। पुनः राम ने एक अर्द्ध चन्द्राकार बाण छोड़कर दूषण के सारथी के सिर को धड़ से अलग कर दिया।

इस पर क्रोधित दूषण एक परिध उठा कर राम को मारने झपटा। राम ने भी पलक झपकते ही अपना खड्ग निकाल लिया और दूषण के दोनों हाथ काट डाले। पीड़ा से छटपटाता हुआ वह मूर्छित होकर धराशायी हो गया। दूषण की ऐसी दशा देख कर सैकड़ों राक्षसों ने एक साथ राम पर आक्रमण कर दिया। प्रत्युत्तर में रामचन्द्र ने स्वर्ण तथा वज्र से निर्मित तीक्ष्ण बाण छोड़ कर उन सभी राक्षसों का नाश कर दिया। इस प्रकार से दूषण सहित उसकी अपार सेना यमलोक पहुँच गई।

अब केवल दो लोग ही शेष रह गये थे – खर और उसका सेनापति त्रिशिरा। खर का मनोबल टूट चुका था। अतः उसे धैर्य बँधाते हुये त्रिशिरा ने कहा, "हे राक्षसराज! धैर्य धारण कीजिये। मैं अभी राम का वध करके अपने सैनिकों के वध का प्रतिशोध लेता हूँ। मैं प्रतिज्ञा करता हूँ कि मैं उस तपस्वी को अवश्य मारूँगा अन्यथा मैं युद्धभूमि में अपने प्राण त्याग दूँगा।"

खर को सान्त्वना दे कर वह राम की ओर द्रुत गति से झपटा। उसे अपनी ओर आते देख राम ने तत्परतापूर्वक बाण चलना आरम्भ कर दिया। राम के बाणों से त्रिशिरा के सारथी, घोड़े तथा ध्वजा कट गये। रथ तथा सारथी विहीन सेनापति हाथ में गदा ले कर राम की ओर दौड़ा, किन्तु पराक्रमी राम ने उसे अपने निकट पहुँचने के पहले ही तीक्ष्ण बाण छोड़ा जो उसके कवच को चीर कर हृदय तक पहुँच गया। हृदय में बाण लगते ही त्रिशिरा हतप्राण

होकर भूमि पर गिर गया। उस स्थान की सारी भूमि रक्त-रंजित हो गई।

सेनापति के वध हुआ देख कर क्रुद्ध खर राम पर अंधाधुंध बाणों की वर्षा करने लगा। उसके बाण वायुमण्डल में सभी दिशाओं में फैल गये। इस पर राम ने अग्निबाणों की बौछार करना आरम्भ कर दिया। और भी क्रुद्ध होकर खर ने एक बाण से रामचन्द्र के धनुष को काट दिया। खर के इस अद्भुत पराक्रम को देख कर यक्ष, गन्धर्व आदि भी आश्चर्यचकित रह गये, किन्तु अदम्य योद्धा राम तनिक भी विचलित नहीं हुये। उन्होंने अगस्त्य ऋषि के द्वारा दिया हुआ धनुष उठा कर क्षणमात्र में खर के घोड़ों को मार गिराया। रथहीन हो जाने पर अत्यन्त क्रोधित हो कर पराक्रमी खर हाथ में गदा ले राम को मारने के लिये दौड़ा। उसे अपनी ओर आता देख राघव बोले, "हे राक्षसराज! यदि सम्पूर्ण ब्रह्माण्ड का स्वामी भी निर्दोषों तथा सज्जनों को दुःख देता है तो उसे अन्त में अपने पापों का फल भोगना ही पड़ता है। तुझे भी निर्दोष ऋषि-मुनियों को भयंकर यातनाएँ देने का परिणाम भुगतना पड़ेगा। मैं तुझ जैसे अधर्मी, दुष्ट- दानवों का विनाश करने के लिये ही वन में आया हूँ। अब तेरा भी अन्तिम समय आ पहुँचा है। अब किसी भाँति तू बच नहीं सकता।"

राम के वचनों को सुन कर खर ने कहा, "हे अयोध्या के राजकुमार! तुमने स्वयं के मुख से स्वयं की प्रशंसा करके अपनी तुच्छता का ही परिचय दिया है। तुममें इतना सामर्थ्य नहीं है कि तुम मेरा वध कर सको। मेरी यह गदा आज यह तुम्हें चिरनिद्रा में सुला देगी।"

इतना कह कर खर ने अपनी शक्तिशाली गदा को राम के हृदय का लक्ष्य करके फेंका। राम ने एक ही बाण से उस गदा को काट दिया और एक साथ अनेक बाण छोड़ कर खर के शरीर को क्षत-विक्षत कर दिया। क्षत-विक्षत होने परे भी खर क्रुद्ध सर्प की भाँति राम की ओर झपटा। उसे अपनी ओर लपकते देख कर राम ने अगस्त्य मुनि द्वारा दिये गये एक ही बाण से खर का हृदय चीर डाला। भयानक चीत्कार करता हुआ खर विशाल पर्वत की भाँति धराशायी हो गया और उसकी इहलीला समाप्त हो गई।

राम के विजय पर ऋषि-मुनि, तपस्वी आदि उनकी जय-जयकार करते हुये उन पर पुष्प वर्षा करने लगे। उन्होंने राम की भूरि-भूरि प्रशंसा करते हुये कहा, "हे राघव! आपके इस महान उपकार को दण्डक वन के निवासी तपस्वी कभी न भुला सकेंगे। इन राक्षसों ने अपने विप्लव से हमारा जीवन, हमारी तपस्या, हमारी शान्ति सब कुछ नष्टप्राय कर दिये थे। आज से हम लोग आपकी कृपा से निर्भय और निश्चिन्त हो गये हैं। परमपिता परमात्मा आपका कल्याण करें। आशीर्वाद देकर वे अपने-अपने निवास स्थानों को लौट गये। लक्ष्मण भी सीता को गिरिकन्दरा से ले कर लौट आये। अपने महापराक्रमी पति की शौर्य गाथा सुन कर सीता का हृदय गद्-गद् हो गया।

4
रावण को सूचना

खर-दूषण का वध हो जाने पर खर के एक अकम्पन नामक सैनिक ने, जिसने किसी प्रकार से भागकर अपने प्राण बचा लिये थे, लंका में जाकर रावण को खर की सेना के नष्ट हो जाने की सूचना दी। रावण के समक्ष जाकर वह हाथ जोड़ कर बोला, "हे लंकेश! दण्डकारण्य स्थित आपके जनस्थान में रहने वाले आपके भाई खर और दूषण तथा उनके चौदह सहस्त्र सैनिकों का वध हो चुका है। किसी प्रकार से अपने प्राण बचाकर मैं आपको सूचना देने के लिये आया हूँ।"

यह सुन कर रावण को भारी क्रोध आया। उन्होंने कहा, "कौन है जिसने मेरे भाइयों का सेना सहित वध किया है? मैं अभी उसे नष्ट कर दूँगा। तुम मुझे पूरा वृत्तान्त बताओ।"

अकम्पन ने कहा, "हे लंकापति! अयोध्या के राजकुमार राम ने अपने पराक्रम से अकेले ही सभी राक्षस वीरों को मृत्यु के घाट उतार दिया।"

इस समाचार को सुनकर रावण को आश्चर्य हुआ और उसने पूछा, "खर को मारने के लिये क्या देवताओं ने राम की सहायता की है?"

अकम्पन ने उत्तर दिया, "नहीं प्रभो! देवताओं से राम को किसी प्रकार की सहायता नहीं मिली है, ऐसा उसने अकेले ही किया है। वास्तव में राम तेजस्वी, शक्तिवान और युद्धविद्या में पारंगत योद्धा है। खर जैसे रणबाँकुरे, जिसकी एक गर्जना से सारे देवता काँप जाते थे, को उनकी शक्तिशाली सेना सहित उसने खेल ही खेल में समाप्त कर दिया। उसका रणकौशल देख कर मुझे प्रतीत होता है कि आप अपनी सम्पूर्ण सेना के साथ युद्ध करके भी उसे परास्त नहीं कर सकेंगे। मेरे विचार से उस पर विजय पाने का एक ही उपाय है। उसके साथ उसकी अत्यन्त रूपवती, लावण्यमयी और सुकुमारी पत्नी भी है। राम उससे बहुत प्रेम करता है। वह अपनी पत्नी के बिना एक पल भी नहीं रह सकता। मेरा विश्वास है, यदि आप किसी प्रकार उसका अपहरण कर के ले आयें तो राम उसके वियोग में स्वयं ही मर जायेगा।"

लंकेश रावण को अकम्पन का यह प्रस्ताव सर्वथा उचित प्रतीत हुआ। तत्काल ही वह अपने दिव्य रथ पर सवार हो आकाश मार्ग से उड़ता हुआ अपने परम मित्र मारीच के पास

पहुँचा। बिना किसी पूर्व सूचना के रावण को अपने सम्मुख पाकर मारीच बोले, "हे लंकापति! आज अचानक ही आपके यहाँ आने का क्या कारण है? आपकी इतनी हड़बड़ी देखकर मेरे मन में नाना प्रकार की शंकाएँ उठ रही हैं। लंका में सब कुशल तो है?"

रावण ने कहा, "मैं एक विशेष कारण से ही यहाँ आया हूँ। अयोध्या के राजकुमार राम ने मेरे भाई खर और दूषण को उनकी सेना सहित मार डाला है। अब मैं चाहता हूँ कि राम की पत्नी का अपहरण कर लूँ और इसके लिये मुझे तुम्हारी सहायता की आवश्यकता है। सीता के वियोग में राम बिना युद्ध किये ही तड़प-तड़प कर मर जायेगा और मेरा प्रतिशोध पूरा हो जायेगा।"

रावण के वचनों को सुन कर मारीच बोला, "हे लंकापति! तुम्हारा यह विचार सर्वथा अनुचित है। जिस किसी ने भी तुम्हें सीता को हरने का सुझाव दिया है वह वास्तव में तुम्हारा मित्र नहीं शत्रु है। राम अत्यन्त बलशाली और पराक्रमी है और तुम उससे किसी प्रकार भी जीत सकते। राम के होते हुये तुम उससे सीता को नहीं छीन सकते। उसके अद्भुत पराक्रम के सम्मुख तुम एक क्षण भी नहीं टिक सकोगे। तुम्हारा हित इसी में है कि तुम इस विचार को भूलकर कर चुपचाप लंका में जा कर बैठ जाओ।"

5

रावण को शूर्पणखा का धिक्कार

रावण के मारीच के पास से लंका लौट आने के कुछ काल पश्चात् ही शूर्पणखा उसके पास आ पहुँची। उस समय रावण अपने मन्त्रियों से घिरा हुआ था। स्वर्ण-सिंहासन पर आरूढ़ रावण वैसे ही शोभा पा रहा था जैसे सोने के ईंटों से निर्मित यज्ञवेदी में घी के द्वारा प्रज्वलित अग्नि। समरभूमि में साक्षात् यमराज की भाँति दिखाई पड़ने वाले रावण ने देवता, गन्धर्व आदि सभी को जीत लिया था। राजोचित लक्षणों से सम्पन्न रावण ने वैदूर्यमणि (नीलम) तथा तपाये हुए सोने से निर्मित आभूषणों से अलंकृत हो रहा था। उसके अंगों पर विष्णु के चक्र तथा देवताओं के विविध आयुधों के अनेक प्रहार हुए थे किन्तु इन प्रहारों के बाद भी उसका कोई भी अंग खण्डित नहीं हुआ था।

वह रावण पर्वतशिखरों को तोड़कर फेंक देने वाला, देवताओं को रौंद डालने वाला, धर्म को जड़ से काट देने वाला, दूसरों की भार्याओं के सतीत्व का नाश करने वाला, यज्ञों में विघ्न डालने वाला तथा दिव्यास्त्रों का प्रयोग करने वाला था। उसने समुद्रों तथा पर्वतों पर विजय प्राप्त किया था, नागराज वासुकि को परास्त किया था, तक्षक की प्रिय पत्नी का हरण किया था, कुबेर पर विजय प्राप्त कर उससे पुष्पक विमान छीना था। इन्द्रादि समस्त देवता उससे भयभीत रहते थे, वायु देवता उस पर पंखा डुलाते थे, वरुण उसके यहाँ पानी भरता था और वह मृत्यु को भी परास्त करने की सामर्थ्य रखता था। उसने दस हजार वर्षों त घोर तपस्या करके तथा ब्रह्मा जी को अपने मस्तकों की बलि दे कर देवता, दानव, गन्धर्व, पिशाच, पक्षी और सर्पों से संग्राम में अभय प्राप्त कर लिया था। मनुष्य के सिवा अन्य किसी से भी उसे मृत्यु का भय नहीं रह गया था।

शूर्पणखा राम के द्वारा तिरस्कृत होकर अत्यन्त दुःखी हो रही थी। उसने रावण के पास आ कर क्रोध से फुँफकारते हुए कहा, "धिक्कार है तुम्हारे पराक्रम पर और तुम्हारे इन मन्त्रियों पर। तुम अपनी विलासिता में डूबे हुये हो। तुम सब तो सुरा और सुन्दरियों में व्यस्त रहते हो। हे नीतिवान रावण! क्या अब मुझे तुमको यह भी बताना पड़ेगा कि समय पर उचित

कार्य न करने वाले और अपने देश की रक्षा के प्रति असावधान रहने वाले राजा के राज्य के नष्ट हो जाने में क्षणमात्र भी देर नहीं लगती। तुम्हें ज्ञात होना चाहिये कि वृक्ष से गिरे हुये पत्ते और राज्य से च्युत राजा का कोई मूल्य नहीं होता। प्रजा उसी राजा की पूजा करती है जो स्थूल आँखों से सोता है किन्तु नीति की आँखों से जागता है, जिसका क्रोध प्रलयंकर और प्रसन्नता सुखदायिनी है।

जिस राजा के गुप्तचर सक्रिय और सतर्क नहीं रहते वह राज्य करने योग्य नहीं होता। तुम्हारे गुप्तचर तो मूर्ख, अयोग्य और आलसी हैं। तुम्हारी बुद्धि दूषित है और मन्त्री भी सर्वथा अयोग्य हैं। उन्हें अभी तक यह पता नहीं कि उनके राज्य दण्डकारण्य में कितनी भयंकर घटना घट चुकी है। मेरे वीर भ्राताओं खर-दूषण का चौदह सहस्त्र राक्षसों सहित संहार हो चुका है। जो ऋषि-मुनि कल तुम्हारे नाम से थर-थर काँपते थे वे आज सिर उठा कर निर्भय हो घूम रहे हैं। तुम तो राम द्वारा किये गये भीषण हत्याकाण्ड से अभी तक अपरिचित हो।"

शूर्पणखा के कटु वचनों से कुपित होकर रावण बोला, "शूर्पणखे! मुझे बताओ कि राम कौन है? उसका बल और पराक्रम कितना है? दुष्कर दण्डकवन में में उसने किसलिये प्रवेश किया है? उसके पास ऐसा कौन सा अस्त्र है जिससे उसने खर, दूषण और त्रिशिरा का सेना सहित संहार कर दिया? उसने तुझ जैसी सुन्दर अंगों वाली को क्यों कुरूप बना दिया?"

रावण के प्रश्नों का उत्तर देते हुए शूर्पणखा ने कहा, "हे भाई! महाबली राम अयोध्या नरेश दशरथ के पुत्र हैं। वे अत्यन्त निपुण धनुर्धारी हैं। वे अकेले और पैदल थे तो भी उन्होंने मात्र डेढ़ मुहूर्त (तीन घड़ी) में समस्त राक्षसों का संहार कर डाला। मैंने राम के बाणों की वर्षा से राक्षसों को मरते हुए तो देखा किन्तु यह नहीं देख पाई कि कब राम ने धनुष खींचा और कब बाण छोड़ा। स्त्री होने के कारण राम ने मेरा वध नहीं किया और केवल अपमानित करके छोड़ दिया। राम के समान ही पराक्रमी उसका भाई लक्ष्मण और अत्यन्त सुन्दरी उसकी पत्नी सीता भी उसके साथ है। इस भूतल पर मैंने आज तक सीता के समान रूपवती अन्य कोई स्त्री नहीं देखा है। जब मैं सीता को तुम्हारी भार्या बनाने के लिये लाने के लिये उद्यत हुई तो लक्ष्मण ने मुझे कुरूप बना दिया। सीता तुम्हारी ही भार्या बनने योग्य है अतः तुम उसे शीघ्रातिशीघ्र हर लाओ।"

शूर्पणखा का कथन सुनने तथा अपने मन्त्रियों से विचार विमर्ष करने के पश्चात् रावण ने सीता को हर लाने का निश्चय कर लिया। तत्काल उसने अपना रथ तैयार करवाया और उस पर सवार हो अपने मित्र मारीच के पास पहुँच गया।

मारीच ने रावण का समुचित सत्कार करके पूछा, "राजन्! लंका में सब कुशल तो है ना? आप इतनी जल्दी पुनः कैसे लौट आये?"

रावण बोला, "हे मारीच! क्रूर और मूर्ख राम ने अपने बल का आश्रय लेकर मेरे भाई खर और दूषण सेनासहित त्रिशिरा का वध कर दिया है। उसने मेरी बहन शूर्पणखा को भी कुरूप बना दिया है। तुम मेरे मित्र हो। मित्र ही संकट के समय मित्र की सहायता करता है। मैं जानता हूँ कि मेरे मित्रों और शुभचिन्तकों में तुमसे बढ़ कर बलवान, नीतिवान और मुझसे सच्चा

स्नेह करने वाला और कोई नहीं है। अतः हे मारीच! मैं चाहता हूँ कि तुम रजत बिन्दुओं वाला स्वर्णमृग बन कर राम के आश्रम के सामने जाओ। तुम्हें देख कर सीता अवश्य राम-लक्ष्मण को तुम्हें पकड़ने के लिये भेजेगी। उन दोनों के चले जाने पर मैं अकेली सीता का अपहरण कर के ले जाउँगा। राम को सीता का वियोग असह्य होगा और विरह की उस अवस्था में राम को मार डालना मेरे लिये कठिन नहीं होगा।"

रावण के वचन सुनकर मारीच बोला, "हे लंकापति! जैसे कि मैं मैं पहले भी कह चुका हूँ कि ऐसा करना तुम्हारे लिये उचित नहीं होगा। यह कार्य तुम्हारे जीवन के लिये काल बन जायेगा। आश्चर्य की बात है कि वेद-शास्त्रों के ज्ञाता होते हुये भी तुम परस्त्री हरण जैसा भयंकर पाप करने जा रहे हो। तुम्हें ज्ञात होना चाहिये कि राम के क्रोध से तुम बच नहीं सकोगे।"

मारीच के इस उतर से क्रुद्ध हो हाथ में खड्ग ले कर रावण बोला, "मारीच! मैं तुझे अपना मित्र समझ कर तेरे पास आया था। तेरा अनर्गल प्रलाप सुनने के लिये नहीं। तेरी कायरतापूर्ण युक्तियों को सुन कर मैं अपना विचार नहीं बदल सकता। सीता का हरण मैं अवश्य ही करूँगा और तू मेरे आज्ञा का पालन भी करेगा। यदि तू मेरी आज्ञा मान कर मेरे इस कार्य में सहायता नहीं करेगा तो राम-लक्ष्मण से पहले मैं तेरा वध करूँगा।"

रावण के क्रोध से भयभीत होकर मारीच ने अपनी सहमति दे दी। उसकी सहमति से प्रसन्न हो कर रावण बोला, "अब सिद्ध हो गया कि तू मेरा परम मित्र है।"

रावण उसे ले कर दण्डक वन में पहुँच राम के आश्रम की खोज करने लगा। जब आश्रम मिल गया तो मारीच ने रावण के निर्देशानुसार मृग का रूप धारण किया और आश्रम के निकट विचरण करने लगा। इस अद्भुत स्वर्णिम मृग की शोभा देख कर सीता आश्चर्यचकित रह गई और विस्मित हो कर उसके पास पहुँची। मायावी मारीच ने अपनी मृग-सुलभ क्रीड़ाओं से सीता का मन मुग्ध कर लिया।

6

स्वर्णमृग

सीता की इच्छा इस अद्भुत मृग को पकड़ कर आश्रम में रखने की हुई। अतः वे राम को पुकारते हुए बोलीं, "हे आर्यपुत्र! आप और लक्ष्मण शीघ्र आइये। देखिये, कितना सुन्दर और अद्भुत स्वर्णमृग यहाँ विचरण कर रहा है। उस माया मृग को देख कर लक्ष्मण को सन्देह हुआ और उन्होंने राम से कहा, "तात! मुझे ऐसा प्रतीत होता है कि हमें छलने के लिये इस मृग के रूप में स्वेच्छारूपधारी मारीच ही आया है। हे जगत्पति! इस भूतल पर कहीं भी ऐसा विचित्र रत्नमय मृग नहीं है, अतः निःसन्देह यह माया ही है।"

लक्ष्मण को बीच में ही रोकते हुए सीता राम से बोली, "हे नाथ! यह मृग अत्यन्त सुन्दर है, इसने मेरे मन को मोह लिया है। आप अवश्य ही इसे पकड़ कर लाइये। जब हम वनवास समाप्त कर के अयोध्या लौटेंगे तो यह हमारे प्रासाद की शोभा बढ़ायेगा। यदि यह जीवित न पकड़ा जा सके तो इसे मार कर मृगछाला ही ले आइये। मैं उस पर आपके साथ बैठना चाहती हूँ।"

सीता के आग्रह को देख कर राम लक्ष्मण से बोले, "हे लक्ष्मण! निःसन्देह इस मृग का रूप अत्यंत मनोहर एवं आकर्षक है। यदि यह पकड़ा नहीं भी गया तो मारा तो अवश्य ही जायेगा। इसमें भी सन्देह नहीं है कि इसकी मृगछाला मनोहारी होगी। सीता का आग्रह पूर्ण करने के लिये इसे अवश्य ही पकड़ना चाहिये। तुम्हारी शंका के अनुसार यदि यह राक्षसी माया है तो भी इस राक्षस को मारना उचित ही होगा। तुम सीता की रक्षा करो। मैं इसे जीवित पकड़ने या मारने के लिये जाता हूँ।"

इतना कह कर राम अपने शस्त्रास्त्र धारण कर मायावी मृग के पीछे चल पड़े। राम को अपनी ओर आता देख मृग भी उछलता कूदता गहन वन के भीतर चला गया। वह विविध वृक्षों, झाड़ियों के बीच कभी छिपता और कभी प्रकट होता कभी धीमी तो कभी द्रुत गति से भागने लगा। उसका पीछा करते-करते रामचन्द्र आश्रम से बहुत दूर निकल गये। अन्ततः मृग के दृष्टिगत होते ही क्रुद्ध हो कर राम ने एक तीक्ष्ण बाण छोड़ा जो मारीच के हृदय तक पहुँच गया। बाण लगते ही मारीच अपने असली वेश में धराशायी हो गया और राम के स्वर

में 'हा सीते! हा लक्ष्मण! चीत्कार करते हुए मर गया।

उस राक्षस के मृत शरीर को तथा उसका अपने स्वर में चीत्कार करना देख कर राम को लक्ष्मण का कथन स्मरण हो आया। वास्तव में यह मारीच की माया ही निकली। उन्हें चिन्ता होने लगी कि मेरे स्वर में किये गये चीत्कार को सुन कर सीता की क्या दशा होगी। उन्हे किसी अनिष्ट की आशंका होने लगी और वे द्रुत गति से आश्रम की ओर लौट पड़े।

इधर जब सीता ने अपने पति के स्वर में 'हा सीते! हा लक्ष्मण!' सुना तो उन्होंने व्याकुल हो कर लक्ष्मण से कहा, "हे लक्ष्मण! प्रतीत होता है कि तुम्हारे भैया अवश्य ही किसी संकट में पड़ गये हैं। तुम शीघ्र जा कर उनकी सहायता करो। उनके दुःख भरे शब्द सुनकर मेरा हृदय चिन्ता से बहुत घबरा रहा है।"

आशंका से आतुर सीता के वचन सुन कर लक्ष्मण बोले, "हे आर्ये! इस प्रकार मैं आप को अकेला छोड़ कर नहीं जा सकता। भैया ने आपकी रक्षा का भार मुझे सौंपा है। आप धैर्य धारण करें, भैया अभी आते ही होंगे।"

दुःखी हो कर सीता बोलीं, "लक्ष्मण! ऐसा प्रतीत होता है कि तुम भाई के रूप में उनके शत्रु हो। इसीलिये उनके ऐसे आर्त स्वर सुन कर भी उनकी सहायता के लिये नहीं जाना चाहते। जब उनको ही कुछ हो गया तो मेरी रक्षा से क्या लाभ?"

इस प्रकार कहते हुये उनके नेत्रों से अश्रुधारा बहने लगी। सीता की यह दशा देख कर लक्ष्मण हाथ जोड़ कर बोले, "देवि! आप व्यर्थ दुःखी न हों। संसार में ऐसा कोई भी देवता, दानव, मनुष्य, गन्धर्व नहीं है जो भैया के पराक्रम का सामना कर सके। मायावी राक्षस नाना प्रकार के रूप धारण करते हैं और विविध प्रकार की बोलियाँ बोलते हैं, अतः आपको चिन्ता करने की आवश्यकता नहीं है। आप तनिक प्रतीक्षा करें, वे आते ही होंगे।"

लक्ष्मण के तर्कयुक्त वचनों ने सीता के क्रोध को और बढ़ा दिया। वे बोलीं, "लक्ष्मण! मैं तुम्हारे मनोभावों को भली-भाँति समझ रही हूँ। तुम राम के न रहने पर मुझे पा लेने की लालसा लेकर ही वन में चले आये हो। मैं तुम्हारी दुष्ट इच्छा को कभी पूरा नहीं होने दूँगी। राम के वियोग में मैं अपने प्राण त्याग दूँगी।"

सीता के ये वचन सुन कर लक्ष्मण का हृदय विदीर्ण हो उठा। वे बोले, "देवि! मैं आपकी बातों का कोई उत्तर नहीं दे सकता। स्त्रियों के द्वारा ऐसी अनुचित और प्रतिकूल बातें मुँह से निकालना कोई आश्चर्य की बात नहीं है क्योंकि संसार में नारियों का ऐसा स्वभाव प्रायः देखा जाता है। आज आप की बुद्धि भ्रष्ट हो गई है जो अपने अग्रज की आज्ञा पालन करने वाले अनुज पर ऐसा दुष्टतापूर्ण लांछन लगा रही हैं। मुझे संशय हो रहा है कि आज आप पर अवश्य कोई संकट आने वाला है। वन के समस्त देवता आपकी रक्षा करें। वन के देवता इसके साक्षी हैं कि मैं आपके द्वारा बलात् भेजा जा रहा हूँ।"

लक्ष्मण के वचन सुनकर सीता के नेत्रों से अश्रुधारा बहने लगे और लक्ष्मण उस ओर चल दिये जिधर राम गये थे।

7

सीता हरण

(रावण की पहली गलती थी। सीता हरण ,उसने यह सब कुछ अपने बहन के लिए किया उसे नहीं पता था की गलती शूर्पणखा का ही था।)

लक्ष्मण के जाने के पश्चात् रावण को अवसर मिल गया। वह ब्राह्मण भिक्षुक का वेष धारण कर रावण सीता के पास आया और बोला, "हे सुन्दरी! तुम कोई वन देवी हो या लक्ष्मी अथवा कामदेव की प्रिया स्वयं रति हो? इस पृथ्वी पर तो मैंने तुम्हारे जैसी रूपवती, लावण्यमयी युवती मैंने आज तक इस संसार में नहीं देखा है। तुम कौन हो? किसकी कन्या हो? और इस वन में किस लिये निवास कर रही हो? कहाँ यह तुम्हारा तीनों लोकों में सबसे सुन्दर रूप, तुम्हारी सुकुमारता और कहाँ इस दुर्गम वन में निवास? यह स्थान तो इच्छानुसार रूप धारण करनेवाले भयंकर राक्षसों का निवासस्थान है। तुम यहाँ से चली जाओ, तुम यहाँ रहने योग्य नहीं हो।"

सीता ने कहा, "हे ब्राह्मण! मेरा नाम सीता है। मैं मिथिलानरेश जनक की पुत्री और अयोध्यापति दशरथ के ज्येष्ठ पुत्र श्री रामचन्द्र की पत्नी हूँ। पिता की आज्ञा से मेरे पति अपने भाई भरत को अयोध्या का राज्य दे कर चौदह वर्ष के लिये वनवास कर रहे हैं। उन पराक्रमी सत्यपरायण वीर के साथ मेरे तेजस्वी देवर लक्ष्मण भी हैं। आप अतिथि हैं अतः इस आसन पर बैठ कर यह जल और फल ग्रहण कीजिये। मेरे पति अभी आते ही होंगे। अब आप बताइये महात्मन्! आप कौन हैं और यहाँ किस उद्देश्य से पधारे हैं?"

सीता का प्रश्न सुन कर रावण गरज कर बोला, "हे सीते! मैं तीनों लोकों, चौदह भुवनों का विजेता महाप्रतापी लंकापति रावण हूँ जिसके नाम से देवता, दानव, यक्ष, किन्नर, गन्धर्व, मुनि सभी भयभीत रहते हैं। इन्द्र, वरुण, कुबेर जैसे देवता जिसकी सेवा कर के अपने आप को धन्य समझते हैं। मैं तुम्हारे लावण्यमय सौन्दर्य को देख कर अपनी सुन्दर रानियों को भी भूल गया हूँ और मैं तुम्हें ले जा कर अपनी भार्या बनाना चाहता हूँ। हे मृगलोचने! तुम मेरे साथ चल कर नाना देशों से आई हुई मेरी अत्यन्त सुन्दर रानियों पर पटरानी बन कर शासन करो। मेरी नगरी लंका की सुन्दरता को देख कर तुम इस वन के कष्टों को भूल जाओगी।

इसलिये मेरे साथ चलने को तैयार हो जाओ।"

रावण का नीचतापूर्ण प्रस्ताव सुन कर सीता क्रुद्ध स्वर में बोली, "हे अधम राक्षस! तुम परम तेजस्वी, अद्भुत पराक्रमी और महान योद्धा रामचन्द्र के पराक्रम को नहीं जानते इसीलिये तुम मेरे सम्मुख यह कुत्सित प्रस्ताव रखने का दुःसाहस कर रहे हो। अरे मूर्ख! क्या तू वनराज सिंह के मुख में से उसके दाँत उखाड़ना चाहता है? तेरे सिर पर काल नाच रहा है इसीलिये तू यह घृणित प्रस्ताव ले कर यहाँ आया है। तेरी मृत्यु ही तुझे यहाँ ले कर आई है।"

सीता के ये अपमानजनक वाक्य सुन कर रावण के अत्यन्त कुपित हो गया। आँखें लाल करते हुये उसने कहा, "सीते! तू मेरे बल और प्रताप को नहीं जानती। मैं आकाश में खड़ा हो कर पृथ्वी को गेंद की भाँति उठा सकता हूँ। अथाह समुद्र को एक चुल्लू में भर कर पी सकता हूँ। मैं तुझे लेने के लिये आया हूँ और ले कर ही जाउँगा।"

यह कह कर रावण ने अपने ब्राह्मण वेश को त्याग कर विकराल रूप धारण कर लिया और दोनों हाथों से सीता को उठा कर अपने कंधे पर बिठा निकटवर्ती खड़े विमान पर जा सवार हुआ। इस प्रकार अप्रत्यशित रूप से पकड़े जाने पर सीता ने 'हा राम! हा राम!!' कहते हुये स्वयं को रावण के हाथों से छुड़ाने का प्रयास किया। परन्तु बलवान रावण के सामने उनकी एक न चली। उसने उन्हें बाँध कर विमान में एक ओर डाल दिया और तीव्र गति से लंका की ओर चल पड़ा। सीता निरन्तर विलाप किये जा रही थी, "हा राम! पापी रावण मुझे लिये जा रहा है। हे लक्ष्मण! तुम कहाँ हो? तुम्हारी बलवान भुजाएँ इस समय इस दुष्ट से मेरी रक्षा क्यों नहीं करतीं? हाय! आज कैकेयी की मनोकामना पूरी हुई।"

इस प्रकार विलाप करती हुई सीता ने मार्ग में खड़े जटायु को देखा। जटायु को देखते ही सीता चिल्लाई, "हे आर्य जटायु! देखो, लंका का यह दुष्ट राजा रावण मेरा अपहरण कर के लिये जा रहा है। इस नराधम से आप मेरी रक्षा करने में आप असमर्थ हैं क्योंकि यह बलवान है और अनेक युद्धों में विजय पाने के कारण इसका दुस्साहस बढ़ा हुआ है। आप रावण द्वारा मेरे हर लिये जाने का यह वृत्तान्त मेरे पति से तो अवश्य ही कह देना।"

8

जटायु वध

सीता की करुण पुकार सुन कर जटायु ने उस ओर देखा तथा रावण को सीता सहित विमान में जाते देख बोले, "अरे रावण! तू एक पर-स्त्री का अपहरण कर के ले जा रहा है। अरे लंकेश! यह महाप्रतापी श्री रामचन्द्र जी की भार्या है। एक राजा होकर तू ऐसा निन्दनीय कर्म कैसे कर रहा है? राजा का धर्म तो पर-स्त्री की रक्षा करना है। तू काम के वशीभूत हो कर अपना विवेक खो बैठा है। छोड़ दे राम की पत्नी को। हे रावण! मेरे समक्ष तू सीता को नहीं ले जा सकता। प्राण रहते तक मैं सीता की रक्षा करूँगा। ठहर! मैं अभी आता हूँ तुझसे युद्ध करने।"

जटायु के इन कठोर अपमानजनक शब्दों को सुन कर रावण उसकी ओर झपटा जो सीता को मुक्त कराने के लिये विमान की ओर तेजी से बढ़ रहा था। विशालाकार दो पर्वतों की भाँति वे एक दूसरे से टकराये। क्रुद्ध जटायु ने अपने पराक्रम से दो बार रावण के धनुष को तोड़ डाला, उसके रथ को तहस-नहस कर डाला और रावण के सारथि का वध कर डाला। उन्होंने मार-मार कर रावण को घायल कर दिया। घायल होने के बाद भी, रावण वृद्ध और दुर्बल जटायु से अधिक शक्तिशाली था। अवसर पा कर उसने जटायु की दोनों भुजायें काट दीं। पीड़ा से व्याकुल हो कर मूर्च्छित हो वह पृथ्वी पर गिर पड़ा।

जटायु को भूमि पर गिरते देख जानकी "हा राम! हा लक्ष्मण!!" कह कर विलाप करने लगीं। रावण ने सीता को उसके केश पकड़ कर उठा लिया और आकाशमार्ग से लंका की ओर उड़ने लगा। उस समय उन्नत भाल वाली, सुन्दर कृष्ण केशों वाली, गौरवर्णा, मृगनयनी जानकी का सुन्दर मुख रावण की गोद में पड़ा ऐसा प्रतीत हो रहा था जैसे पूर्णमासी का चन्द्रमा नीले बादलों को चीर कर चमक रहा हो। सीता का क्रन्दन सुन कर वन के सिंह, बाघ, मृग आदि रावण से कुपित हो कर उसके विमान के नीचे उसके पीछे पीछे दौड़ने लगे। पर्वतों से गिरते हुये जल-प्रपात ऐसे प्रतीत हो रहे थे मानों वे भी सीता के दुःख से दुःखी हो कर करुण क्रन्दन करते हुये अश्रु बहा रहे हों। श्वेत बादल से आच्छादित सूर्य भी ऐसा प्रतीत हो रहा था जैसे अपनी कुलवधू की दुर्दशा देख कर उसका मुख श्रीहीन हो गया हो। सब सीता के दुःख से दुःखी हो रहे थे।

दुष्ट रावण से मुक्ति का कोई उपाय न देखकर सीता दीनतापूर्वक परमात्मा से प्रार्थना करने लगी, "हे परमपिता परमात्मा! हे प्रभो! मेरी रक्षा करो, रक्षा करो! हे सर्वशक्तिमान! इस समय मेरी रक्षा करने वाला तुम्हारे अतिरिक्त और कोई नहीं है। हे दयामय! मेरे सतीत्व की रक्षा करने वाले केवल तुम ही हो।"

मार्ग में सीता ने नीचे एक पर्वत पर पाँच वानरों को बैठे देखा। उनको देख कर सीता ने, यह सोचकर कि शायद ये राम को मेरा समाचार बता सकें, अपने सुनहरे रंग की रेशमी चादर में वस्त्र-आभूषण बाँधकर उसे उन वानरों के बीच गिरा दिया। तीव्र गति से उड़ने में व्यस्त रावण को सीता के इस कार्य का बोध नहीं हो पाया।

वनों, पर्वतों और सागर को पार करता हुआ रावण सीता सहित लंकापुरी में पहुँचा। वहाँ उसने सीता को मय दानव द्वारा निर्मित सुन्दर महल में रखा और क्रूर राक्षसियों को बुला कर आज्ञा दी, "मेरी आज्ञा के बिना कोई भी इस स्त्री से मिलने न पावे। यह जो भी वस्त्र, आभूषण, खाद्यपदार्थ माँगे, वह तत्काल इसे दिया जाय। इसे किसी भी प्रकार का कष्ट नहीं होना चाहिये और न कोई इसका तिरस्कार करे। अवज्ञा करने वालों को दण्ड मिलेगा।"

इस प्रकार राक्षसनियों को आदेश दे कर अपने महल में पहुँचा। वहाँ उसने अपने आठ शूरवीर सेनापतियों को बुला कर आज्ञा दी, "तुम लोग जा कर दण्डक वन में रहो। हमारे जनस्थान को राम लक्ष्मण नामक दो तपस्वियों ने उजाड़ दिया है। तुम वहाँ रह कर उनकी गतिविधियों पर दृष्टि रखो और उनकी सूचना मुझे यथाशीघ्र देते रहो। अवसर पा कर उन दोनों की हत्या कर डालो। मैं तुम्हारे पराक्रम से भली-भाँति परिचित हूँ इसीलिये उन्हें मारने का दायित्व तुम्हें सौंप रहा हूँ।"

उन्हें इस प्रकार आदेश दे कर वह कामी राक्षस वासना से पीड़ित हो कर सीता से मिलने के लिये चल पड़ा।

९

रावण-सीता संवाद

दुःख से कातर और राम के वियोग में अश्रु बहाती हुई सीता के पास जा कर रावण बोला, "शोभने! अब उस राज्य से च्युत, दीन, तपस्वी राम के लिये अश्रु बहाना व्यर्थ है। राम में इतनी शक्ति कहाँ है कि यहाँ तक आने का मनोरथ भी कर सके। तू उसे विस्मृत कर दे। विशाललोचने! तू मुझे पति के रूप में अंगीकार ले। समुद्र से घिरे सौ योजन विस्तार वाले अपने इस राज्य को मैं तुझे अर्पित कर दूँगा। मैं, जो तीनों लोकों का स्वामी हूँ, तेरे चरणों का दास बन कर रहूँगा। मेरी समस्त सुन्दर रानियाँ तेरी दासी बन कर रहेंगी। समस्त देव, दानव, नर, किन्नर जो मेरे दास हैं, तेरे दास बन कर रहेंगे।

तेरे पहले के दुष्कर्म तुझे वनवास का कष्ट देकर समाप्त हो चुके हैं और अब तेरा पुण्यकर्म ही शेष रह गया है। अब मेरे साथ यहाँ रह कर समस्त प्रकार के पुष्पहार, दिव्य गंध और श्रेष्ठ आभूषण आदि का सेवन कर। सुमुखि! तेरा यह कमल के समान सुन्दर, निर्मल और मनोहर मुख शोक से पीड़ित होकर शोभाहीन हो गया है, मुझे स्वीकार करके उसे पुनः शोभायमान कर। धर्म और लोकलाज का भय निर्मूल है, यह सब मात्र तेरे मिथ्या विचार हैं। किसी सुन्दरी का युद्ध में हरण कर के उसके साथ विवाह करना भी तो वैदिक रीति का ही एक अंग है। इसलिये तू निःशंक हो कर मेरी बन जा। मैं तेरे इन कोमल चरणों पर अपने ये दसों मस्तक रख रहा हूँ, मुझ पर शीघ्र कृपा कर।"

रावण के इन वचनों को सुन कर शोक से कष्ट पाती हुई वैदेही, अपने और रावण के बीच में तिनके का ओट करके, बोली, "हे नराधम! परम पराक्रमी, धर्मपरायण एवं सत्यप्रतिज्ञ दशरथनन्दन श्री रामचन्द्र जी ही मेरे पति हैं। मैं उनके अतिरिक्त किसी अन्य की ओर दृष्टि तक भी नहीं कर सकती। यदि तूने मुझे बलपूर्वक मेरा अपहरण किया होता तो अपने भाई खर की तरह जनस्थान के युद्धस्थल पर ही मारा गया होता किन्तु तू कायरों की तरह मुझे चुरा लाया है। तेरे इस अनर्गल प्रलाप से ऐसा प्रतीत होता है कि अब लंका सहित तेरे विनाश का समय आ गया है। तू इस भ्रम में मत रह कि यदि देवता और राक्षस तेरा कुछ नहीं बिगाड़ सके तो राम भी तुझे नहीं मार सकेंगे। उनके हाथों से ही तेरी मृत्यु निश्चित

है। अब तेरा जीवनकाल समाप्तप्राय हो चुका है। तेरे तेज, बल और बुद्धि तो पहले ही नष्ट हो चुके हैं। और जिसकी बुद्धि नष्ट हो चुकी होती है, उसका विनाश-काल दूर नहीं होता। अरे राक्षसाधम! तू महापापी है इसलिये मेरा स्पर्श नहीं कर सकता। तूने कभी सोचा भी है कि कमलों में विहार करने वाली हंसिनी क्या कभी कुक्कुट के साथ रह सकती है? तू मेरे इस संज्ञाशून्य जड़ शरीर को बाँध कर रख ले या काट डाल पर मैं कलंक देने वाला कोई भी निन्दनीय कार्य नहीं कर सकती।"

सीता के कठोर एवं अपमानजनक वाक्य सुन कर रावण कुपित हो कर बोला, "हे मनोहर हास्य वाली भामिनी! मैं तुझे बारह माह का समय देता हूँ। यदि एक वर्ष के अन्दर तू स्वेच्छापूर्वक मेरे पास नहीं आई तो मैं तेरे टुकड़े-टुकड़े कर दूँगा।"

फिर वह राक्षसनियों से बोला, "तुम इसे यहाँ से अशोक वाटिका में ले जा कर रखो और जितना भय और कष्ट दे सकती हो, दो।"

लंकापति रावण की आज्ञा पाकर राक्षसनियाँ सीता को अशोक वाटिका में ले गईं। अशोक वाटिका एक रमणीय स्थल था किन्तु पति वियोग और निशाचरी दुर्व्यवहार के कारण सीता वहाँ अत्यन्त दुःखी थीं।

सीता का अशोकवाटिका में प्रवेश जानकर पितामह ब्रह्मा देवराज इन्द्र के पास आये और बोले, "सदा सुख में पली हुई पतिव्रता महाभागा सीता पति के चरणों के दर्शन से वंचित होने के कारण दुःख और चिन्ताओं से सन्तप्त हो गई हैं और प्राणयात्रा (भोजन) नहीं कर रही हैं। ऐसी दशा में निःसन्देह वे अपना प्राणत्याग कर देंगी। अतः तुम शीघ्र लंकापुरी में प्रवेश करके उन्हें उत्तम हविष्य प्रदान करो।"

ब्रह्मा जी के आज्ञानुसार इन्द्र तत्काल लंकापुरी पहुँचे। उन्होंने निद्रादेवी की सहायता से समस्त राक्षसों को मोहित कर दिया। फिर वे सीता के पास जाकर बोले, "हे देवि! आप शोक न करें। मैं, शचीपति इन्द्र, राम की सहायता करूँगा। मेरे प्रसाद से वे विशाल सेना लेकर समुद्र पार करके यहाँ आयेंगे। अतः तुम इस हविष्य को स्वीकार करो। इसे खा लेने पर तुम्हें हजारों वर्षों तक भूख और प्यास सन्तप्त नहीं कर पायेंगे।"

शंकित सीता ने उनसे कहा, "मुझे कैसे विश्वास हो कि आप देवराज इन्द्र ही हैं?"

इस पर देवराज इन्द्र ने समस्त देवोचित लक्षणों का प्रदर्शन करके सीता की शंका का निवारण कर दिया।

विश्वास हो जाने पर सीता बोलीं, "यह मेरा सौभाग्य है कि आज आपके मुख से मुझे अपने पति का नाम सुनने को मिला। आप मेरे लिये मेरे श्वसुर दशरथ और पिता जनक के तुल्य हैं। मैं आपके हाथों से इस पायसरूप हविष्य (दूध से बनी हुई खीर) को स्वीकार करती हूँ। यह रघुकुल की वृद्धि करने वाला हो।"

इस प्रकार से इन्द्र द्वारा प्रदत्त हविष्य को खाकर जानकी भूख-प्यास के कष्ट से मुक्त हो गईं और देवराज इन्द्र, राक्षसों को मोहित करने वाली निद्रा के साथ, देवलोक को चले गये।

10

राम की वापसी और विलाप

मारीच का वध कर के राम आश्रम की ओर लौट रहे थे तो पीछे से एक मादा सियार ने बड़े कठोर स्वर में चीत्कार किया। वन के मृग एवं पक्षी उनके बायीं ओर चलने और उड़ने लगे। इन अपशकुनों को देखकर राम का हृदय आशंकित हो उठा। उन्हें सीता के अशुभ की चिन्ता सन्तप्त करने लगी। इतने में ही उन्होंने मार्ग में लक्ष्मण को आते देखा। लक्ष्मण को देख कर उन्हें ऐसा प्रतीत हुआ कि किसी राक्षसी षड्यंत्र के फलस्वरूप सीता किसी कठिनाई में फँस गई है।

चिन्तित हो कर उन्होंने लक्ष्मण से पूछा, "लक्ष्मण! सीता कहाँ है? मैंने तुम्हें आदेश दिया था कि तुम सीता की रक्षा करना तो तुम उसे अकेली कैसे छोड़ आये? वह किसी विपत्ति में तो नहीं फँस गई? वह जीवित होगी कि नहीं? शीघ्र बताओ उसे क्या हुआ है? यदि वह जीवित नहीं होगी तो मैं भी अपने प्राण त्याग दूँगा। कहीं ऐसा तो नहीं है कि उस मायावी राक्षस ने हा 'लक्ष्मण!' कह कर तुम्हें भी भ्रम में डाल दिया है और तुम सीता को अकेली छोड़ कर यहा दौड़ आये हो? अथवा सीता ने ही भ्रमित हो कर तुम्हें यहाँ आने को विवश किया हो। ऐसा प्रतीत होता है कि राक्षसों ने अपने प्रतिशोध लेने के लिये यह चाल चली है और तुम इसमें फँस गये हो। खर और दूषण की मृत्यु का बदला लेने के लिये उन्होंने सीता का वध कर डाला होगा।"

राम के इन वचनों से व्यथित लक्ष्मण बोले, "भैया! मैं उन्हें स्वयं अपनी इच्छा से छोड़ कर नहीं आया हूँ। मैंने उन्हें अनेक प्रकार से समझाया किन्तु वे चेतना मोह से ग्रसित होकर मुझसे कहने लगीं कि तुम्हारे मन में पापपूर्ण भाव भरा हुआ है, तुम अपने भाई के दुश्मन हो और उनकी मृत्यु के पश्चात् मुझे प्राप्त करना चाहते हो। उनके इस प्रकार से कहने पर मैं रोष से भर उठा और आश्रम से निकल आया। इस प्रकार से उन्होंने ही कठोर वचन कह कह कर मुझे यहाँ आने के लिये विवश कर दिया।"

लक्ष्मण के वचनों को सुनकर राम ने कहा, "सौम्य! तुम सीता को छोड़ कर चले आये यह तुमने अच्छा नहीं किया। सीता तो क्रोध में विक्षिप्त हो रही थी और क्रोध में भरी हुई नारी

के मुख से कठोर वचन निकलना आश्चर्य की बात नहीं है। किन्तु तुम तो समझदार हो। मेरे आदेश की अवहेलना कर तुम्हारा इस प्रकार से चले आना अनुचित है।"

चिन्तित राम और लक्ष्मण जब अपने आश्रम पहुँचे तो। उन्हें सीता कहीं दिखाई नहीं दी। उन्होंने समस्त पर्णशालाओं को देख डाला किन्तु वे सभी सभी सूनी मिलीं। जैसे हेमन्त ऋतु के हिम से ध्वस्त होकर कमलिनी श्रीहीन हो जाती है उसी प्रकार से पर्णशालाएँ शोभाशून्य थीं। आश्रम के वृक्ष और पत्ते भी वायु में सन-सना कर दुःख से रो रहे प्रतीत होते थे। मृगछाला और कुश इधर-उधर बिखरे पड़े थे, आसन औंधे पड़े थे, वृक्षों के फूल-पत्ते तथा कहीं-कहीं टहनियाँ टूटी या अधटूटी पड़ी थीं।

आश्रम का अस्त-व्यस्त दृश्य देख कर राम विचार करने लगे। सीता का किसी ने हरण कर लिया, अथवा किसी दुष्ट राक्षस ने उसे अपना आहार बना लिया। कहीं वह फूल चुनने तो नहीं गई या जल लाने नदी पर तो नहीं चली गई। जब सब ओर खोजने पर भी उन्हें सीता कहीं दिखाई न दी तो शोक के कारण उनकी आँखें लाल हो गईं। नदी-नालों, पर्वत-कन्दराओं में जा-जा कर वे उन्मत्त की भाँति आवाज दे-दे कर सीता की खोज करने लगे। अन्त में उनकी उन्मत्तता इतनी बढ़ गई कि वे कभी कदम्ब के वृक्ष के पास जाकर कहते, "हे कदम्ब! मेरी सीता को तेरे पुष्पों से बहुत स्नेह था। तू ही बता वह कहाँ है?" कभी विल्व के पास जा कर उससे पूछते, "हे विल्व विटप! क्या तुमने पीतवस्त्रधारिणी सीता को कहीं देखा है?" इस प्रकार वे कभी किसी वृक्ष से, कभी किसी लता से और कभी पुष्प समूहों से सीता का पता पूछते। कभी अशोक वृक्ष के पास जा कर कहते, "अरे अशोक विटप! तेरा तो नाम ही अशोक है, फिर तू सीता से मेरी भेंट करा कर मेरे शोक का हरण क्यों नहीं करता?" फिर ताड़ के वृक्ष से कहते, "तू तो सब वृक्षों से ऊँचा है। तू दूर-दूर की वस्तुएँ देख सकता है। देख कर बता क्या तुझे सीता कहीं दिखाई दे रही है। चुपचाप खड़ा न रह। यदि तू देखना चाहेगा तो तुझे वह अवश्य दिखाई देगी।"

इस प्रकार नाना प्रकार के वृक्षों से पूछ-पूछ कर रामचन्द्र विलाप करने लगे, "हे प्राणवल्लभे जानकी! तू कहाँ छिप गई? यदि तू वृक्षों की ओट में छिप कर हँसी कर रही है तो मैं तुझसे प्रार्थना करता हूँ, तू प्रकट हो जा। देख, मैं तेरे बिना कितना व्याकुल हो रहा हूँ। अब बहुत हँसी हो चुकी। मैं हार मानता हूँ। मैं तुझे नहीं ढूँढ पा रहा हूँ। या तू सचमुच मुझसे रूठ गई है। हा सीते! बोल, जल्दी बोल, तू कहाँ है? इधर देख, तेरे साथ खेलने वाले मृग शावक भी तेरे वियोग में अश्रु बहा रहे हैं। सीते! तेरे बिना मैं जीवित नहीं रह सकता। मैं चाहता हूँ, अभी तेरे वियोग में अपने प्राण त्याग दूँ किन्तु पिता की आज्ञा से विवश हूँ। मुझे स्वर्ग में पा कर वे धिक्करेंगे और कहेंगे 'तू मेरी आज्ञा की अवहेलना कर के – चौदह वर्ष की वनवास की अवधि पूरी किये बिना ही – स्वर्ग में कैसे चला आया।' हा! मैं कितना अभागा हूँ, जो तुम्हारे विरह में मर भी नहीं सकता। हाय जानकी! तुम ही बताओ, तुम्हारे बिना मैं क्या करूँ?"

बड़े भाई को विलाप करते देख लक्ष्मण ने उन्हें धैर्य बँधाते हुये कहा, "हे नरोत्तम! रोने और धैर्य खोने से कोई लाभ नहीं होगा। आइये, आश्रम से बाहर चल कर वनों और गिरि-

कन्दराओं में भाभी की खोज करें। उन्हें वनों तथा पर्वतों में भ्रमण करने का चाव था। सम्भव है, वहीं कहीं भ्रमण कर रही हों। यह भी सम्भव है कि गोदावरी के तट पर बैठी मछलियों की जलक्रीड़ा देख रही हों या किसी भय की आशंका से भयभीत हो कर किसी लता कुँज में बैठी हों। इसलिये हमारे लिये यही उचित है कि हम विषाद और चिन्ता को छोड़ कर उनकी खोज करें।"

लक्ष्मण के युक्तियुक्त वचन सुन कर राम उसके साथ वनों, लताओं, गिरि-कन्दराओं आदि में खोज करने के लिये चले। उन दोनों ने समस्त वन, पर्वत-कन्दरा आदि में खोज डाला, किन्तु सीता उन्हें कहीं नहीं मिली।

अन्त में राम निराश हो कर बोले, "सौमित्र! यहाँ तो कोई ऐसा स्थान शेष नहीं बचा जहाँ हमने जानकी की खोज न की हो, परन्तु हमें सर्वत्र निराशा ही हाथ लगी। अब ऐसा प्रतीत होता है कि मेरी सीता मुझे कभी नहीं मिलेगी। मैं वनवास की अवधि बिता कर जब अयोध्या लौटूँगा और माता कौसल्या पूछेंगी कि सीता कहाँ है तो मैं उन्हें क्या उत्तर दूँगा? मिथिलापति जनक को क्या मुँह दिखाऊँगा।"

वे जोर-जोर से विलाप करने लगे, "हे सीते! मैं तुम्हें कहाँ ढूँढू? हे वनों के मृगों! क्या तुमने कहीं मृगनयनी सीता को देखा है? हे वनों की कोकिलों! क्या तुमने कहीं कोकिलाकण्ठी जानकी को देखा है? कोई तो कुछ बताओ। क्या सभी मेरे लिये निर्मोही हो गये हो? कोई नहीं बोलता, कोई नहीं बताता। कोई भी मुझसे बात करना नहीं चाहता। मैं नपुंसक हूँ, कायर हूँ जो अपनी भार्या की रक्षा न कर सका।"

थोड़ी देर मौन रहने के पश्चात् वे फिर लक्ष्मण से बोले, "हे सौमित्र! अब सीता के बिना मैं किसी को मुख दिखाने के लायक नहीं रहा। मैं अवधि पूर्ण होने पर भी अयोध्या नहीं जाउँगा। तुम अब अयोध्या लौट जाओ। भरत से कह देना अब तुम ही अयोध्या का राज्य सँभालो। मैं कभी नहीं लौटूँगा। माता कौसल्या से कहना कि किस प्रकार सीता का अपहरण हो गया और उसकी विरह-व्यथा को न सह सकने के कारण राम ने आत्महत्या कर ली।

अब तुम्हारे जाते ही मैं गोदावरी नदी में डूब कर अपने प्राण त्याग दूँगा। मैं इस संसार में सबसे बड़ा पापी हूँ। इसीलिये तो मुझे एक के पश्चात् एक अनेक दुःख मिलते चले जा रहे हैं। पहले पिताजी का स्वर्गवास हुआ और अब सीता भी मुझे छोड़ कर जाने कहाँ चली गई। घर बार और सम्बन्धी तो पहले ही छूट गये थे। मुझे रह-रह कर यह ध्यान आता है कि सीता राक्षसों के चंगुल में फँस गई है। वह भी रो-रो कर अपने प्राण विसर्जित कर रही होगी। तुम कहते हो कि वन में या गोदावरी के तट पर गई होगी। ये सब मुझे बहलाने की बातें हैं। जो वनवास की इतनी लम्बी अवधि में एक बार भी आश्रम से अकेली बाहर नहीं निकली, वह आज ही कैसे जा सकती है? अवश्य ही राक्षसों ने उसका अपहरण कर लिया है अथवा उसे अपना आहार बना लिया है। इन वृक्षों, पशुओं आदि से इतना सामीप्य होते हुये भी कोई मुझे सीता का पता नहीं बताता। हा सीते। हा प्राणवल्लभे! तू ही बता मैं तुझे कहाँ ढूँढू? कहाँ जा कर खोजूँ?"

11

जटायु की मृत्यु

राम को इस प्रकार दुःख से कातर और शोक सन्तप्त देख लक्ष्मण ने उन्हें धैर्य बँधाते हुये कहा, "भैया! आप तो सदैव मृदु स्वभाव वाले और जितेन्द्रिय रहे हैं। शोक के वशीभूत होकरआप अपने स्वभाव का परित्याग मत कीजिये। हे रघुकुलभूषण! कितने ही महान कर्म, अनुष्ठान और तपस्या करके हमारे पिता महाराज दशरथ ने आपको प्राप्त किया है। आपसे वियोग हो जाने के कारण ही उन्होंने अपने प्राण त्याग दिये। आप धैर्य धारण करें। संसार में प्रत्येक प्राणी पर विपत्तियाँ आतीं हैं किन्तु विपत्तियाँ हमेशा नहीं रहतीं, कुछ काल पश्चात् उनका अन्त हो जाता है। हमारे गुरु वसिष्ठ जी के सौ पुत्रों का एक ही दिन में गुरु विश्वामित्र ने वध कर दिया था। देवता तक भी प्रारब्ध की मार से नहीं बच पाते फिर देहधारी प्राणी कैसे बच सकते हैं? आप तो स्वयं महान विद्वान हैं मैं भला आपको क्या शिक्षा दे सकता हूँ। आप परिस्थितियों पर विचार कर के धैर्य धारण करें। इस जनस्थान में खोजने से कहीं न कहीं हमें जानकी जी अवश्य मिल जायेंगी।"

लक्ष्मण के सारगर्भित उत्तम वचनों को सुन कर राम ने प्रयासपूर्वक धैर्य धारण किया और लक्ष्मण के साथ सीता की खोज करने के लिये खर-दूषण के जनस्थान की ओर चले। मार्ग में उन्होंने विशाल पर्वताकार शरीर वाले जटायु को देखा। उसे देख कर उन्होंने लक्ष्मण से कहा, "भैया! मुझे ऐसा प्रतीत होता है कि इसी जटायु ने सीता को खा डाला है। मैं अभी इसे यमलोक भेजता हूँ।"

ऐसा कह कर अत्यन्त क्रोधित राम ने अपने धनुष पर प्रत्यंचा चढ़ाई और जटायु को मारने के लिये आगे बढ़े। राम को अपनी ओर आते देख जटायु बोला, "आयुष्मान्! अच्छा हुआ कि तुम आ गये। सीता को लंका का राजा हर कर दक्षिण दिशा की ओर ले गया है और उसी ने मेरे पंखों को काट कर मुझे बुरी तरह से घायल कर दिया है। सीता की पुकार सुन कर मैंने उसकी सहायता के लिये रावण से युद्ध भी किया। ये मेरे द्वारा तोड़े हुए रावण के धनुष उसके बाण हैं। इधर उसके विमान का टूटा हुआ भाग भी पड़ा है। यह रावण का सारथि भी मरा हुआ पड़ा है। परन्तु उस महाबली राक्षस ने मुझे मार-मार कर मेरी यह दशा कर दी। वह

रावण विश्रवा का पुत्र और कुबेर का भाई है।"

इतना कह कर जटायु का गला रुँध गया, आँखें पथरा गईं और उसके प्राण पखेरू उड़ गये।

जटायु के प्राणहीन रक्तरंजित शरीर को देख कर राम अत्यन्त दुःखी हुए और लक्ष्मण से बोले, "भैया! मैं कितना अभागा हूँ। राज्य छिन गया, घर से निर्वासित हुआ, पिता का स्वर्गवास हो गया, सीता का अपहरण हुआ और आज पिता के मित्र जटायु का भी मेरे कारण निधन हुआ। मेरे ही कारण इन्होंने अपने शरीर की बलि चढ़ा दी। इनकी मृत्यु का मुझे बड़ा दुःख है। तुम जा कर लकड़ियाँ एकत्रित करो। ये मेरे पिता तुल्य थे इसलिये मैं अपने हाथों से इनका दाह-संस्कार करूँगा।"

राम की आज्ञा पाकर लक्ष्मण ने लकड़ियाँ एकत्रित कीं। दोनों ने मिल कर चिता का निर्माण किया। राम ने पत्थरों को रगड़ कर अग्नि निकाली। फिर द्विज जटायु के शरीर को चिता पर रख कर बोले, "हे पूज्य गृद्धराज! जिस लोक में यज्ञ एवं अग्निहोत्र करने वाले, समरांगण में लड़ कर प्राण देने वाले और धर्मात्मा व्यक्ति जाते हैं, उसी लोक को आप प्रस्थान करें। आपकी कीर्ति इस संसार में सदैव बनी रहेगी।"

यह कह कर उन्होंने चिता में अग्नि प्रज्वलित कर दी। थोड़ी ही देर में जटायु का नश्वर शरीर पंचभूतों में मिल गया। इसके पश्चात् दोनों भाइयों ने गोदावरी के तट पर जा कर दिवंगत जटायु को जलांजलि दी।

12

कबन्ध का वध

इस प्रकार पक्षिराज जटायु के लिये जलांजलि दान कर के वे दोनों रघुवंशी बन्धु सीता की खोज में दक्षिण दिशा की ओर चले। कुछ दूर आगे चल कर वे एक ऐसे वन में पहुँचे जो बहुत से वृक्षों, झाड़ियों एवं लता बेलों द्वारा सभी ओर से घिरा हुआ था तथा अत्यन्त दुर्गम, गहन और दुर्गम था। उसे पार कर वे क्रौंचारण्य नामक वन, जो कि जनस्थान से तीन कोस दूरी पर स्थित था, के भीतर पहुँचे। वह वन भी सघन अनेक मेघों के समूह के सदृश श्याम प्रतीत होता था किन्तु विविध रंग के सुन्दर फूलों से सुशोभित होने का कारण हर्षोत्फुल्ल सा भी जान पड़ता था। उसके भीतर अनेक पशु-पक्षी निवास करते थे। वहाँ पर उन्होंने सीता को खोजना आरम्भ किया किन्तु बहुत खोजने पर भी जब कोई परिणाम नहीं निकला तो वे और आगे चले। इस वन को पार कर के मतंग मुनि के आश्रम ले पास जा पहुँचे। वय वन भी भयानक और हिंसक पशुओं से परिपूर्ण था। घूमते-घूमते वे ऐसी पर्वत कन्दरा पर पहुँचे तो पाताल की भाँति गहरी तथा सदा अन्धकार से आवर्त रहती थी।

उस विशाल कन्दरा के मुख पर एक अत्यन्त मलिन, लम्बे पेट वाली, बड़े-बड़े दाँतों और बिखरे केश वाली, मलिनमुखी विकराल राक्षसी बैठी हुई हड्डी चबा रही थी। राम लक्ष्मण को देख कर वह अट्टहास करती हुई दौड़ी और लक्ष्मण से लिपट कर बोली, "आओ हम दोनों रमण करें। मेरा नाम अयोमुखी है। तुम मुझे पतिरूप में मिले हो और मैं अब तुम्हारी भार्या हूँ।"

उसकी इस कुचेष्टा से क्रुद्ध हो कर लक्ष्मण ने अपनी म्यान से तलवार निकाली और उसके नाक, कान तथा स्तन काट डाले। उसके सारे शरीर पर रक्त की धाराएँ बहने लगीं और वह चीत्कार करती हुई वहाँ से भाग गई।

अयोमुखी के भाग जाने के पश्चात् दोनों भाई थोड़ी दूर गये थे कि वन में भयंकर आँधी चलने लगी। उन्हें एक भयंकर स्वर सुनाई दिया जिसकी गर्जना से सम्पूर्ण वनप्रान्त गूँज उठा। सावधान हो कर दोनों भाइयों ने तलवार निकाल कर उस दिशा में पग बढ़ाये जिधर से वह भयंकर गर्जना आ रही थी। कुछ ही दूर जाने पर उन्होंने गज के आकार वाले बिना गर्दन

के कबन्ध (धड़मात्र) राक्षस को देखा। उसका न तो गर्दन था और न ही मस्तक। उसके पेट में ही उसका मुँह बना हुआ था और छाती में ललाट था जिसमें अंगारे के समान दहकती हुई एक ही आँख थी। वह दोनों मुट्ठियों में वन के जन्तुओं को पकड़े इनका मार्ग रोके खड़ा था। राम-लक्ष्मण को देखते ही उसने लपक कर दोनों को एक साथ ही बलपूर्वक तथा पीड़ा देते हुए पकड़ लिया और बोला, "बड़े भाग्य से आज ऐसा सुन्दर भोजन मिला है। तुम दोनों को खा कर मैं अपनी क्षुधा शान्त करूँगा।"

इस आकस्मिक आक्रमण से लक्ष्मण किंकर्तव्यविमूढ़ हो गये, परन्तु रामचन्द्र ने बड़ी फुर्ती से उस राक्षस की दाहिनी भुजा काट डाली। लक्ष्मण ने भी क्रोधित होकर उसकी बाँयी भुजा को काट दिया। वह चीत्कार करता हुआ पृथ्वी पर गिर पड़ा।

पृथ्वी पर गिर कर उसने पूछा, "वीरों! आप दोनों कौन हैं?"

उसके इस प्रकार पूछने पर लक्ष्मण ने उसे दोनों भाइयों का परिचय दिया।

उनका परिचय सुनकर कबन्ध ने राम से कहा, "महाबाहु राम! पूर्वकाल में मैं अत्यन्त पराक्रमी था किन्तु पराक्रमी होते हुए भी राक्षस रूप धारण कर ऋषियों को डराया करता था। एक बार क्रोधित होकर स्थूलशिरा नामक महर्षि ने मुझे राक्षस हो जाने का शाप दे दिया। शापमुक्ति के लिये मेरे द्वारा प्रार्थना करने पर उन्होंने बताया कि जब राम तुम्हारी भुजाओं को काट देगा तो तुम्हारी मुक्ति हो जायेगी। हे पुरुष श्रेष्ठ! आपने राक्षस योनि से मुझे मुक्ति दिला कर मेरा बड़ा उपकार किया है। अब आप मुझ पर इतनी कृपा और करना कि अपने हाथों से मेरा दाह-संस्कार कर देना।"

कबन्ध की प्रार्थना सुन कर राम बोले, "हे राक्षसराज! मैं तुम्हारी इच्छा अवश्य पूरी करूँगा। मैं तुमसे कुछ सूचना प्राप्त करना चाहता हूँ। आशा है अवश्य दोगे। दण्डक वन से मेरी अनुपस्थिति में लंकापति रावण मेरी पत्नी का अपहरण कर के ले गया है। मैं उसके बल, पराक्रम, स्थान आदि के विषय में तुमसे पूरी जानकारी चाहता हूँ। यदि जानते हो तो बताओ।"

राम का प्रश्न सुन कर कबन्ध बोला, "हे रघुनन्दन! रावण बड़ा बलवान और शक्तिशाली नरेश है। उससे देव-दानव सभी भयभीत रहते हैं। उस पर विजय प्राप्त करने के लिये आपको नीति का सहारा लेना होगा। आप यहाँ से पम्पा सरोवर चले जाइये। वहाँ ऋष्यमूक पर्वत पर वानरों का राजा सुग्रीव अपने चार वीर वानरों के साथ निवास करता है। वह अत्यन्त वीर, पराक्रमी, तेजस्वी, बुद्धिमान, धीर और नीतिनिपुण है।

उसके पास एक विशाल पराक्रमी सेना भी है जिसकी सहायता से आप रावण पर विजय प्राप्त कर सकते हैं। उसके ज्येष्ठ भ्राता बालि ने उसके राज्य और उसकी पत्नी का अपहरण कर लिया है। यदि आप उसे मित्र बना सकें तो आपका कार्य सिद्ध हो जायेगा। वह राक्षसों के सब स्थानों को जानता और उनकी मायावी चालों को भी समझता है। उसे भी इस समय एक सच्चे पराक्रमी मित्र की आवश्यकता है। आपका मित्र बन जाने पर वह अपने वानरों को भेज कर सीता की खोज करा देगा। साथ ही सीता को वापस दिलाने में भी आपकी सहायता

करेगा।"

इतना कह कर कबन्ध ने अपने प्राण त्याग दिये। रामचन्द्र उसका अन्तिम संस्कार कर के लक्ष्मण सहित पम्पासर की ओर चले। पम्पासर के निकट उन्होंने एक सुन्दर सरोवर देखा जिसमें दोनों भाइयों ने स्नान किया।

13

लंका में सीता की खोज

इस प्रकार से सुग्रीव का हित करने वाले कपिराज हनुमान जी ने लंकापुरी में प्रवेश कर मानो शत्रुओं के सिर पर अपना बायाँ पैर रख दिया। वे राजमार्ग का आश्रय ले उस रमणीय लंकापुरी की और चले। वहाँ पर स्वर्ण निर्मित विशाल भवनों में दीपक जगमगा रहे थे। कहीं नृत्य हो रहा था और कहीं सुरा पी कर मस्त हुये राक्षस अनर्गल प्रलाप कर रहे थे। हनुमान जी ने देखा कि बहुत से राक्षस मन्त्रों का जाप करते हुए स्वाध्याय में तत्पर थे। कोई जटा बढ़ाये तो कोई मूड़ मुड़ाये रावण के अनेक गुप्तचर भी उन्हें दृष्टिगत हुए।

हनुमान जी ने नगर के सब भवनों तथा एकान्त स्थानों को छान डाला, परन्तु कहीं सीता दिखाई नहीं दीं। अन्त में उन्होंने सब ओर से निराश हो कर रावण के उस राजप्रासाद में प्रवेश किया जिसमें लंका के मन्त्री, सचिव एवं प्रमुख सभासद निवास करते थे। उन सब का भली-भाँति निरीक्षण करने के पश्चात् वे रावण के अत्यन्त प्रिय बृहत्शाला की ओर चले। वहाँ की सीढ़ियाँ रत्नजटित थीं। स्वर्ण निर्मित वातायन दीपों के प्रकाश से जगमगा रही थीं। स्थान-स्थान पर हाथी दाँत का काम किया हुआ था। छतें और स्तम्भ मणियों तथा रत्नों से जड़े हुये थे। इन्द्र के भवन से भी अधिक सुसज्जित इस भव्य शाला को देख कर हनुमान चकित रह गये। उन्होंने एक ओर स्फटिक के सुन्दर पलंग पर रावण को हुए मदिरा के मद में पड़े देखा जो कि अनिंद्य सुन्दरियों से घिरे हए था। उसके नेत्र अर्द्धनिमीलित हो रहे थे। अनेक रमणियों के वस्त्राभूषण अस्त-व्यस्त हो रहे थे और वे सुरा के प्रभाव से अछूती भी नहीं थीं। वहाँ भी सीता को न पा कर पवनसुत बाहर निकल आये।

फिर हनुमान जी ने रावण के अन्य निकट सम्बंधियों के निवास स्थानों में सीता की खोज की किन्तु वहाँ भी उन्हें असफलता ही मिली। तत्पश्चात् हनुमान ने रावण की पटरानी मन्दोदरी के भवन में प्रवेश किया। अपने शयनागार में मन्दोदरी एक स्फटिक से श्वेत पलंग पर सो रही थी। उसके शय्या के चारों ओर रंग-बिरंगी सुवासित पुष्पमालायें झूल रही थीं। उसके अद्भुत रूप, लावण्य, सौन्दर्य एवं यौवन को देख कर हनुमान के मन में विचार आया, सम्भवतः यही जनकनन्दिनी सीता हैं, परन्तु उसी क्षण उनके मन में एक और विचार उठा

कि ये सीता नहीं हो सकतीं क्योंकि रामचन्द्र जी के वियोग में पतिव्रता सीता न तो सो सकती हैं और न इस प्रकार आभूषण आदि पहन कर श्रृंगार ही कर सकती हैं। अतएव यह स्त्री अनुपम लावण्यमयी होते हुये भी सीता कदापि नहीं है। यह सोच कर वे उदास हो गये और मन्दोदरी के कक्ष से बाहर निक आये।

अकस्मात् वे सोचने लगे कि आज मैंने पराई स्त्रियों को अस्त-व्यस्त वेष में सोते हुये देख कर भारी पाप किया है। वे इस पर पश्चाताप करने लगे। फिर यह विचार कर उन्होंने अपने मन को शान्ति दी कि उन्हें देख कर मेरे मन में कोई विकार उत्पन्न नहीं हुआ इसलिये यह पाप नहीं है। फिर जिस उद्देश्य के लिये मुझे भेजा गया है, उसकी पूर्ति के लिये मुझे अनिवार्य रूप से स्त्रियों का अवलोकन करना पड़ेगा। इसके बिना मैं अपना कार्य कैसे पूरा कर सकूँगा। फिर वे सोचने लगे मुझे सीता जी कहीं नहीं मिलीं। रावण ने उन्हें मार तो नहीं डाला? यदि ऐसा है तो मेरा सारा परिश्रम व्यर्थ गया।

नहीं, मुझे यह नहीं सोचना चाहिये। जब तक मैं लंका का कोना-कोना न छान मारूँ, तब तक मुझे निराश नहीं होना चाहिये। यह सोच कर अब उन्होंने ऐसे-ऐसे स्थानों की खोज आरम्भ की, जहाँ तनिक भी असावधानी उन्हें यमलोक तक पहुँचा सकती थी। उन स्थानों में उन्होंने रावण द्वारा हरी गई अनुपम सुन्दर नागकन्याओं एवं किन्नरियों को भी देखा, परन्तु सीता कहीं नहीं मिलीं। सब ओर से निराश हो कर उन्होंने सोचा, मैं बिना सीता जी का समाचार लिये लौट कर किसी को मुख नहीं दिखा सकता। इसलिये यहीं रह कर उनकी खोज करता रहूँगा, अथवा अपने प्राण दे दूँगा। यह सोच कर भी उन्होंने सीता को खोजने का कार्य बन्द नहीं किया।

14

रावण-सीता संवाद

इस प्रकार फूले हुए वृक्षों से सुशोभित उस वन की शोभा देखते और विदेहनन्दिनी का अनुसंधान करते हुए हनुमान जी की वह सारी रात प्रायः व्यतीत हो चली। रात्रि जब मात्र एक प्रहर बाकी रही तो रात के उस पिछले प्रहर में छहों अंगोंसहित सम्पूर्ण वेदों के विद्वान तथा श्रेष्ठ यज्ञों द्वारा यजन करने वाले ब्रह्म-राक्षसों के घर में वेदपाठ की ध्वनि होने लगी जिसे हनुमान जी ने सुना।

तदन्तर मंगल वाद्यों तथा श्रवण-सुखद शब्दों द्वारा महाबाहु दशमुख रावण को जगाया गया। जागने पर महाभागी एवं प्रतापी राक्षसराज रावण ने सबसे पहले विदेहनन्दिनी सीता का चिन्तन किया। सीता के प्रति आसक्त एवं काम से प्रेरित रावण ने सब प्रकार के आभूषण धारण कर तथा परम उत्तम शोभा से सम्पन्न हो अशोकवाटिका में प्रवेश किया। पुलस्त्यनन्दन रावण के पीछे-पीछे लगभग एक सौ सुन्दरियाँ भी थीं। काम के आधीन एवं मन में सीता की आस लगाये मन्दगति से आगे बढ़ता रावण अद्भुत शोभा पा रहा था। काम, दर्प और मद से युक्त अचिन्त्य बल-पौरुष से सम्पन्न रावण के अशोकवाटिका के द्वार तक पहुँचने पर कपिवर हनुमान जी ने उसे देखा। यद्यपि मतिमान् हनुमान जी अत्यन्त उग्रतेजस्वी थे, तथापि रावण के तेज से तिरस्कृत-से होकर सघन पत्तों में घुसकर छिप गये।

अनिन्द्य सुन्दरी राजकुमारी सीता ने जब उत्तमोत्तम आभूषणों से विभूषित तथा रूप-यौवन से सम्पन्न राक्षसराज रावण को आते देखा तो वे प्रचण्ड हवा में हिलने वाली कदली के समान भय के मारे थर-थर काँपने लगीं। सुन्दर कान्ति वाली विशाललोचना जानकी ने अपने जंघाओं से पेट और दोनों भुजाओं से स्तन छिपा लिये और रुदन करने लगीं। निशाचरियों से घिरी आसन रहित भूमि पर शोक-विह्वल दीन सीता को रावण ने ध्यानपूर्वक देखा जो दृष्टि नीची किये एकटक पृथ्वी की ओर देख रही थी।

ऐसी दुःखी जानकी के पास आकर लंकापति रावण हँसता हुआ बोले, "हे मृगनयनी! मुझे देख कर तू अपने शरीर को छिपाने का प्रयत्न क्यों कर रही है। स्मरण रख, तेरी इच्छा के बिना मैं कदापि तेरा स्पर्श नहीं करूँगा। तू मुझ पर और मेरे कथन पर विश्वास रख और इस

प्रकार दुःखी हो कर अश्रु मत बहा। तेरी यह मलिन, आभूषणरहित वेश-भूषा देख कर मुझे अत्यधिक पीड़ा होती है। तू संसार की सुन्दरियों में शिरोमणि है। अपने इस सौन्दर्य तथा यौवन को व्यर्थ नष्ट मत होने दे। यदि एक बार यह यौवन नष्ट हो गया तो फिर लौट कर नहीं आयेगा। मैं फिर कहता हूँ, तू विश्व की अनुपम सुन्दरी है विधाता की अद्वितीय सृष्टि है। तेरे निर्माण में ब्रह्मा ने अपना सारा कौशल और चतुराई लगा दी। इसीलिये तेरी रचना में उसने किसी प्रकार की कोई कमी नहीं रखी है। तेरे किस-किस अंग की मैं सराहना करूँ।

जिस अंग पर दृष्टि पड़ती है, उसी पर अटक कर रह जाती है। मैं तुझे पूरे हृदय से अपनाना चाहता हूँ। मैं तेरे प्रत्येक अंग का रसास्वादन करना चाहता हूँ। इसी लिये तुझसे कहता हूँ, तू राम का मोह छोड़ दे। मैं तुझे अपनी पटरानी बनाऊँगा। मेरी सब रानियाँ तो तेरी चरणों की दासी बनेंगी ही, मैं भी तेरा दास बन कर रहूँगा। अपने भुजबल से अर्जित सम्पूर्ण सम्पत्ति तेरे चरणों में अर्पित कर दूँगा। जीते हुये समस्त राज्य तेरे पिता जनक को दे दूँगा। तू वास्तव में इतनी सुन्दर है कि तुझे देख कर तो तुझे बनाने वाला स्वयं विधाता कामवश हो जायेगा, मेरी तो बात ही क्या है? इसलिये तू मेरी बात स्वीकार कर ले। राम से भयभीत होने की आवश्यकता कोई नहीं है। संसार में कोई भी मुझसे लोहा नहीं ले सकता। चल, उठ कर खड़ी हो जा और सुन्दर वस्त्राभूषण धारण कर के मेरे साथ रमण कर। हे कल्याणी! चल कर तू मेरे ऐश्वर्य को देख और उस कंगाल वनवासी को भूल जा। तू ही सोच, राम के पास न राज्य है, न धन है, न कोई दास है, न सेना है और न कोई साधन है। फिर यह भी क्या पता है कि वह अभी जीता है या मर गया। यदि जीवित भी हो तो भी न तो तू उसके पास पहुँच सकती है और न वह स्वयं ही यहाँ आ सकता है। अतएव चिन्ता का परित्याग कर के निश्चिन्त हो कर मेरे साथ रमण कर।"

रावण के नीच वचनों को सुन कर मध्य में तृण रख कर जानकी बोलीं, "हे लंकेश! तुम्हारे जैसे विद्वान के लिये यह उचित होगा कि तुम अपनी मर्यादाओं का उल्लंघन न करो और मुझसे अपना मन हटा कर अपनी रानियों से प्रेम करो। स्मरण रखो, पापी और नीच भावना रखने वाले पुरुषों को अपने उद्देश्य में कभी सफलता नहीं मिलती। मैं उत्तम कुल में जन्म लेने वाली पतिपरायणा पत्नी हूँ, तुम मुझे मेरे सतीत्व से कदापि विचलित नहीं कर सकते। अपने प्राण रहते मैं तुम्हारे नीचता से परिपूर्ण प्रस्ताव को किसी भी दशा में स्वीकार नहीं कर सकती। यदि तुममें तनिक भी न्याय-बुद्धि होती तो तुम अन्य स्त्रियों के धर्म की उसी प्रकार रक्षा करते जिस प्रकार अपनी रानियों के सतीत्व की करते हो। क्या इस लंका में ऐसा कोई समझदार व्यक्ति नहीं है जो तुम्हें इस साधारण सी बात का बोध कराये? तुम तो नीतिवान बनते हो, फिर नीति का यह वाक्य कैसे भूल गये कि जिस राजा की इन्द्रियाँ उसके वश में नहीं रहतीं, वह चाहे कितना ही ऐश्वर्यवान हो, अन्त में रसातल को जाता है, उसका सर्वस्व नष्ट हो जाता है। हे दुर्बुद्धि! तूने अभी तक मुझे पहचाना नहीं है।

मैं तेरे ऐश्वर्य, राज्य, धन-सम्पत्ति के लोभ में नहीं फँस सकती। तेरा यह कहना भी एक व्यर्थ का प्रलाप है कि मैं रघुकुलमणि रामचन्द्र जी से नहीं मिल सकती। अरे मूर्ख! वे तो सदैव

मेरे हृदय में निवास करते हैं। मुझे कोई उनसे अलग नहीं कर सकता। मेरा उनका ऐसा अटूट सम्बंध है जैसा कि सूर्य का उसकी प्रभा से। इसलिये मैं उनकी हूँ और सदा ही उनकी रहूँगी। यदि तू सोच-समझ कर यह मान ले कि तूने मेरा अपहरण कर के एक भयंकर अपराध किया है और इसलिये मुझे लौटाते हुये तुझे भय लगता है तो मैं तुझे अभयदान देते हुये वचन देती हूँ कि तू मुझे उनके पास पहुँचा दे, मैं तुझे उनसे क्षमा करा दूँगी। यदि तुम अब भी अपनी हठ पर अड़े रहे तो विश्वास करो कि तुम्हारी मृत्यु निश्चित है और तुम्हें उनके बाणों से कोई नहीं बचा सकता। इसलिये मैं फिर कहती हूँ कि सावधान हो जाओ। अपने साथ लंका और लंकावासियों का नाश मत करो। इसी में तुम्हारा और तुम्हारे राक्षसकुल का कल्याण है।"

सीता के ये कठोर वचन सुनकर राक्षसराज रावण ने उन प्रियदर्शना सीता को यह अप्रिय उत्तर दिया, "लोक में पुरुष जैसे-जैसे अनुनय-विनय करता है, वैसे-वैसे ही वह उनका प्रिय होता जाता है किन्तु मैं तुमसे ज्यों-ज्यों मीठे वचन बोलता हूँ त्यों-त्यों तुम मेरा तिरस्कार करती जाती हो। तुम्हारे प्रति जो मेरा प्रेम उत्पन्न हो गया है, वही मेरे क्रोध को रोक रहा है। हे समुखि! यही कारण है कि वध और तिरस्कार के योग्य होने पर भी मैं तुम्हारा वध नहीं कर रहा हूँ। मिथिलेशकुमारी! तुम मुझसे जैसी कठोर बातें कह रही हो, उनके प्रतिकार में तुम्हें कठोर प्राणदण्ड देना ही उचित है। हे सुन्दरि! मैंने तुम्हारे लिये जो अवधि नियुक्त की है उसके अनुसार मुझे दो महीने और प्रतीक्षा करनी है। तत्पश्चात् तुम्हें मेरी शय्या पर आना ही होगा। स्मरण रखो यदि दो महीने बाद तुमने अपना पति स्वीकार नहीं करोगी तो मेरे रसोइये मेरे कलेवे के लिये तुम्हारे टुकड़े-टुकड़े कर डालेंगे।"

राक्षसराज रावण के इन वचनों को सुनकर पातिव्रत्य और पति के शौर्य के अभिमान से परिपूर्ण सीता ने कहा, "निश्चय ही इस नगर में तेरा भला चाहने वाला कोई भी ऐसा पुरुष नहीं है जो तुझे इस निन्दित कर्म से रोके। नीच राक्षस! तूने अमित तेजस्वी श्री राम की भार्या से जो पाप की बात कही है, उसके परिणामस्वरूप दण्ड से तू कहाँ जाकर छुटकारा पायेगा? मैं धर्मात्मा श्री राम की धर्मपत्नी और महाराज दशरथ की पुत्रवधू हूँ। दशमुख रावण! मेरा तेज ही तुझे भस्म कर डालने के लिये पर्याप्त है। केवल श्रीराम की आज्ञा न होने से और अपनी तपस्या को सुरक्षित रखने के विचार से मैं तुझे भस्म नहीं कर रही हूँ। निःसन्देह तेरे वध के लिये ही विधाता ने यह विधा रच दिया है। तू कितना वीर और पराक्रमी है इसका पता तो मुझे उसी दिन चल गया था, जब तेरे पास इतनी विशाल सेना, बल और तेज होते हुये भी तू मुझे चोरों की भाँति मेरे पति की अनुपस्थिति में चुरा लाया था। क्या इससे तेरी कायरता का पता नहीं चलता।"

सीता के मुख से ऐसे अप्रत्याशित एवं अपमानजनक वचन सुनकर रावण का सम्पूर्ण शरीर क्रोध से थर-थर काँपने लगा। उसके नेत्रों से अंगारे बरसाने लगे। वह दहाड़ता हुआ बोला, "अन्यायी और निर्धन मनुष्य का अनुसरण करने वाली नारी! जैसे सूर्यदेव अपने तेज से प्रातःकालिक संध्या के अन्धकार को नष्ट कर देते हैं उसी प्रकार मैं तेरा तत्काल विनाश किये देता हूँ।"

तत्पश्चात् रावण ने एकाक्षी (एक आँख वाली), एककर्णा (एक कान वाली), अश्वपदी (घोड़े के समान पैर वाली), सिंहमुखी (सिंह के समान मुख वाली) आदि विकराल दिखायी देनेवाली राक्षसियों को सम्बोधित करते हुए कहा, "जिस प्रकार भी हो, सीता को मेरे वश में होने के लिये विवश करो। यदि वह प्रेम से न माने तो इसे मनचाहा दण्ड दो ताकि यह हाथ जोड़ कर गिड़गिड़ाती तुई मुझसे प्रार्थना करे और मुझे अपना पति स्वीकार करे।"

राक्षसियों को इस प्रकार आज्ञा देकर काम और क्रोध से व्याकुल हुआ राक्षसराज रावण सीता की ओर देखकर गर्जना करने लगा। रावण को अत्यन्त क्रोधित देखकर मन्दोदरी और धान्यमालिनी नाम की एक अन्य राक्षस-कन्या शीघ्र रावण के पास आयीं और उसका आलिंगन कर बोलीं, "हे प्राणनाथ! आप इस कुरूप सीता के लिये क्यों इतने व्याकुल होते हैं? भला इसके फीके पतले अधरों, अनाकर्षक कान्ति और छोटे भद्दे आकार में क्या आकर्षण है? आप चल कर मेरे साथ विहार कीजिये। इस अभागी को मरने दीजिये। इसके ऐसे भाग्य कहाँ जो आप जैसे अपूर्व बलिष्ठ, अद्भुत पराक्रमी, तीनों लोकों के विजेता के साथ रमण-सुख प्राप्त कर सके। नाथ! जो स्त्री आपको नहीं चाहती, उसके पीछे उन्मत्त की भाँति दौड़ने से क्या लाभ? इससे तो व्यर्थ ही मन को दुःख होता है।"

जब उन राक्षसियों ने ऐसा कहा और उसे दूसरी ओर हटा ले गयीं तो मेघ के समान काला और बलवान राक्षस रावण जोर-जोर से हँसता हुआ अपने भव्य प्रासाद की ओर चल पड़ा।

15

जानकी राक्षसी घेरे में

राक्षसराज रावण के चले जाने के बार भयानक रूप वाली राक्षसियों ने सीता को घेर लिया और उन्हें अनेक प्रकार से डराने धमकाने लगीं। वे सीता की भर्त्सना करते हुए कहने लगीं, "हे मूर्ख अभागिन! हे नीच नारी! तीनों लोकों और चौदह भुवनों को अपने पराक्रम से पराजित करने वाले परम तेजस्वी राक्षसराज की शैया प्रत्येक को नहीं मिलती। यह तो तुम्हारा परम सौभाग्य है कि स्वयं लंकापति तुम्हें अपनी अंकशायिनी बनाना चाहते हैं।

तनिक विचार कर देखो, कहाँ अगाध ऐश्वर्य, स्वर्णपुरी तथा अतुल सम्पत्ति का एकछत्र स्वामी और कहाँ वह राज्य से निकाला हुआ, कंगालों की भाँति वन-वन में भटकने वाला, हतभाग्य साधारण सा मनुष्य! सोच-समझ कर निर्णय करो और महाप्रतापी लंकाधिपति रावण को पति के रूप में स्वीकार करो। उसकी अद्धार्गिनी बनने में ही तुम्हारा कल्याण है। अन्यथा राम के वियोग में तड़प-तड़प कर मरोगी या राक्षसराज के हाथों मारी जाओगी। तुम्हारा यह कोमल शरीर इस प्रकार नष्ट होने के लिये नहीं है। महाराज रावण के साथ विलास भवन में जा कर रमण करो। महाराज तुम्हें इतना विलासमय सुख देंगे जिसकी तुमने उस कंगाल वनवासी के साथ रहते कल्पना भी नहीं की होगी।"

राक्षसियों की ये बातें सुनकर कमलनयनी सीता ने अश्रुपूर्ण नेत्रों से उनकी ओर देख कर कहा, "तुम सब का यह लोक-विरुद्ध एवं पापपूर्ण प्रस्ताव मेरे हृदय में क्षणमात्र को भी ठहर नहीं पाता। एक मानवकन्या किसी राक्षस की भार्या नहीं हो सकती। तुम सब लोग भले ही मुझे खा जाओ किन्तु मैं तुम्हारी बात नहीं मान सकती। मेरे पति दीन हों अथवा राज्यहीन, वे ही मेरे स्वामी हैं और मैं सदा उन्हीं में अनुरक्त हूँ तथा आगे भी रहूँगी। जैसे सुवर्चला सूर्य में, महाभागा शची इन्द्र में, अरुन्धती महर्षि वसिष्ठ में, रोहिणि चन्द्र में, सुकन्या च्यवन में, सावित्री सत्यवान में, श्रीमती कपिल में, मदयन्ती सौदास में, केशिनी सगर में और दमयन्ती नल में अनुराग रखती हैं वैसे ही मैं भी अपने पति इक्ष्वाकुवंशशिरोमणि श्री राम में अनुरक्त हूँ।

सीता के वचन सुन कर राक्षसियों के क्रोध की सीमा न रही। वे रावण की आज्ञानुसार कठोर वचनों द्वारा उन्हें धमकाने लगीं। अशोकवृक्ष में चुपचाप छिपे बैठे हुए हनुमान जी सीता को फटकारती हुई राक्षसियों की बातें सुनते रहे। वे सब राक्षसियाँ कुपित होकर काँपती हुई सीता पर चारों ओर से टूट पड़ीं। उनका क्रोध बहुत बढ़ा हुआ था। राक्षसियों के बारम्बार धमकाने पर सर्वांगसुन्दरी कल्याणी सीता अपने आँसू पोंछती हुई उसी अशोकवृक्ष के नीचे चली आईं जिस पर हनुमान जी छिपे बैठे थे। शोकसागर में डूबी हुई विशाललोचना वैदेही वहाँ चुपचाप बैठ गईं। वे अत्यन्त दीन व दुर्बल हो गई थीं तथा उनके वस्त्र मलिन हो चुके थे। विकराल राक्षसियाँ फिर उन्हें घेरकर तरह-तरह से धमकाने लगीं।

विकराल रूप वाली राक्षसियों के द्वारा इस प्रकार से धमकाये जाने पर देवकन्या के समान सुन्दरी सीता धैर्य छोड़ कर रोने लगीं। विलाप करते हुए वे कहने लगीं, "हे भगवान! अब यह विपत्ति नहीं सही जाती। प्रभो! मुझे इस विपत्ति से छुटकारा दिलाओ, या मुझे इस पृथ्वी से उठा लो। बड़े लोगों ने सच कहा है कि समय से पहले मृत्यु भी नहीं आती। आज मेरी कैसी दयनीय दशा हो गई है। कहाँ अयोध्या का वह राजप्रासाद जहाँ मैं अपने परिजनों तथा पति के साथ अलौकिक सुख भोगती थी और कहाँ यह दुर्दिन जब मैं पति से विमुख छल द्वारा हरी गई इन राक्षसों के फंदों में फँस कर निरीह हिरणी की भाँति दुःखी हो रही हूँ। आज अपने प्राणेश्वर के बिना मैं जल से निकाली गई मछली की भाँति तड़प रही हूँ।

इतनी भायंकर वेदना सह कर भी मेरे प्राण नहीं निकल रहे हैं। आश्चर्य यह है कि मर्मान्तक पीड़ा सह कर भी मेरा हृदय टुकड़े-टुकड़े नहीं हो गया। मुझ जैसी अभागिनी कौन होगी जो अपने प्राणाधिक प्रियतम से बिछुड़ कर भी अपने प्राणों को सँजोये बैठी है। अभी न जाने कौन-कौन से दुःख मेरे भाग्य में लिखे हैं। न जाने वह दुष्ट रावण मेरी कैसी दुर्गति करेगा। चाहे कुछ भी हो, मैं उस महापातकी को अपने बायें पैर से भी स्पर्श न करूँगी, उसके इंगित पर आत्म समर्पण करना तो दूर की बात है। यह मेरा दुर्भाग्य ही है किस एक परमप्रतापी वीर की भार्या हो कर भी दुष्ट रावण के हाथों सताई जा रही हूँ और वे मेरी रक्षा करने के लिये अभी तक यहाँ नहीं पहुँचे। मेरा तो भाग्य ही उल्टा चल रहा है। यदि परोपकारी जटायुराज इस नीच के हाथों न मारे जाते तो वे अवश्य राघव को मेरा पता बता देते और वे आ कर रावण का विनाश करके मुझे इस भयानक यातना से मुक्ति दिलाते। परन्तु मेरा मन कह रहा है दि दुश्चरित्र रावण के पापों का घड़ा भरने वाला है। अब उसका अन्त अधिक दूर नहीं है। वह अवश्य ही मेरे पति के हाथों मारा जायेगा। उनके तीक्ष्ण बाण लंका को लम्पट राक्षसों के आधिपत्य से मुक्त करके अवश्य मेरा उद्धार करेंगे।

किन्तु उनकी प्रतीक्षा करते-करते मुझे इतने दिन हो गये और वे अभी तक नहीं आये। कहीं ऐसा तो नहीं है कि उन्होंने मुझे मरा हुआ समझ लिया हो और इसलिये अब वे मेरी खोज खबर ही न ले रहे हों। यह भी तो हो सकता है कि दुष्ट मायावी रावण ने जिस प्रकार छल से मेरा हरण किया, उसी प्रकार उसने छल से उन दोनों भाइयों का वध कर डाला हो। उस दुष्ट के लिये कोई भी नीच कार्य अकरणीय नहीं है। दोनों दशाओं में मेरे जीवित रहने

का प्रयोजन नहीं है। यदि उन्होंने मुझे मरा हुआ समझ लिया है या इस दुष्ट ने उन दोनों का वध कर दिया है तो भी मेरा और उनका मिलन जअब असम्भव हो गया है। जब मैं अपने प्राणेश्वर से नहीं मिल सकती तो मेरा जीवित रहना व्यर्थ है। मैं अभी इसी समय अपने प्राणों का उत्सर्ग करूँगी।"

सीता के इन निराशा भरे वचनों को सुन कर पवनपुत्र हनुमान अपने मन में विचार करने लगे कि अब इस बात में कोई सन्देह नहीं है कि यह ही जनकनन्दिनी जानकी हैं जो अपने पति के वियोग में व्यकुल हो रही हैं। यही वह समय है, जब इन्हें धैर्य की सबसे अधिक आवश्यकता है।

16

समुद्र पार करने की चिन्ता

हनुमान के मुख से सीता का समाचार पाकर रामचन्द्र जी अत्यन्त प्रसन्न हुये और कहने लगे, "हनुमान ने बहुत भारी कार्य किया है भूतल पर ऐसा कार्य होना कठिन है। इस महासागर को लाँघ सकने की क्षमता गरुड़, वायु और हनुमान को छोड़कर किसी दूसरे में नहीं है। देवताओं, राक्षसों, यक्षों, गन्धर्वों तथा दैत्यों द्वारा रक्षित लंका में प्रवेश करके उसमें से सुरक्षित निकल आना केवल हनुमान के लिये ही सम्भव है। इन्होंने समुद्र-लंघन आदि कार्यों के द्वारा अपने पराक्रम के अनुरूप बल प्रकट कर के एक सच्चे सेवक के योग्य सुग्रीव का बहुत बड़ा कार्य सम्पन्न किया है।

स्वामी द्वारा दिये गये कार्य को सेवक उत्साह तथा लगन से पूरा करे तो वह श्रेष्ठ होता है। जो सेवक कार्य तो पूर्ण कर दे, किन्तु बिना किसी उत्साह के पूरा करे, वह मध्यम होता है और आज्ञा पाकर भी कार्य न करने वाला सेवक अधम कहलाता है। हनुमान ने स्वामी के एक कार्य में नियुक्त होकर उसके साथ ही दूसरे महत्वपूर्ण कार्यों को भी पूरा किया है और सुग्रीव को पूर्णतः सन्तुष्ट कर दिया है। आज मेरे पास पुरस्कार देने योग्य वस्तु का अभाव है। यह बात मेरे मन कसक उत्पन्न कर रही है कि यहाँ जिसने मुझे ऐसा प्रिय संवाद सुनाया, उसका मैं कोई वैसा ही प्रिय कार्य नहीं कर पा रहा हूँ। अतः इस समय मैं इन महात्मा हनुमान को केवल अपना प्रगाढ़ आलिंगन प्रदान अपना सर्वस्व इसे समर्पित करता हूँ।"

ऐसा कहते-कहते श्री रामचन्द्र जी के अंग-प्रत्यंग प्रेम से पुलकित हो गये और उन्होंने अपनी आज्ञा के पालन में सफलता पाकर लौटे हुए पवित्रात्मा हनुमान जी को हृदय से लगा लिया।

फिर थोड़ी देर तक विचार करके रामचन्द्र जी ने सुग्रीव से कहा, "हे वानरराज! जानकी की खोज का कार्य तो सुचारुरूप से सम्पन्न हो गया किन्तु समुद्र की दुस्तरता का विचार करके मेरे मन का उत्साह पुनः नष्ट हो रहा है। महान जलराधि से परिपूर्ण समुद्र को पार करना अत्यन्त कठिन है। यह कार्य कैसे हो पायेगा?"

राम को इस प्रकार चिन्तित देख सुग्रीव ने कहा, "वीरवर! आप दूसरे साधारण मनुष्यों की भाँति क्यों सन्ताप कर रहे हैं? जैसे कृतघ्न पुरुष सौहार्द्र को त्याग देता है उसी प्रकार से आप भी इस सन्ताप को त्याग दें। जब सीता जी का पता लग गया है तो मुझे आपके इस दुःख और चिन्ता का कोई कारण नहीं दिखाई देता। मेरी वानर सेना की वीरता और पराक्रम के सामने यह समुद्र बाधा बन कर खड़ा नहीं हो सकता। हम समुद्र पर पुल बना कर उसे पार करेंगे। परिश्रम और उद्योग से कौन सा कार्य सिद्ध नहीं हो सकता? हमें कायरों की भाँति समुद्र को बाधा मान निराश होकर नहीं बैठना चाहिये।"

सुग्रीव के उत्साहपूर्ण शब्दों से सन्तुष्ट होकर राघव हनुमान से बोले, "हे वीर हनुमान! कपिराज सुग्रीव की पुल बनाने की योजना से मैं सहमत हूँ। यह कार्य शीघ्र आरम्भ हो जाये, ऐसी व्यवस्था तो सुग्रीव कर ही देंगे। इस बीच तुम मुझे रावण की सेना, उसकी शक्ति, युद्ध कौशल, दुर्गों आदि के विषय में विस्तृत जानकारी दो। मुझे विश्वास है कि तुमने इन सारी बातों का अवश्य ही विस्तारपूर्वक अध्ययन किया होगा। तुम्हारी विश्लेषण क्षमता पर मुझे पूर्ण विश्वास है।"

रघुनाथ जी का आदेश पाकर पवनपुत्र हनुमान ने कहा, "हे सीतापते! लंका जितनी ऐश्वर्य तथा समृद्धि से युक्त है, उतनी ही वह विलासिता में डूबी हुई भी है। सैनिक शक्ति उसकी महत्वपूर्ण है। उसमें असंख्य उन्मत्त हाथी, रथ और घोड़े हैं। बड़े-बड़े पराक्रमी योद्धा सावधानी से लंकापुरी की रक्षा करते हैं। उस विशाल नगरी के चार बड़े-बड़े द्वार हैं। प्रत्येक द्वार पर ऐसे शक्तिशाली यन्त्र लगे हुये हैं जो लाखों की संख्या में आक्रमण करने वाले शत्रु सैनिकों को भी द्वार से दूर रखने की क्षमता रखते हैं। इसके अतिरिक्त प्रत्येक द्वार पर अनेक बड़ी-बड़ी शतघनी (तोप) रखी हुई हैं जो विशाल गोले छोड़ कर अपनी अग्नि से समुद्र जैसी विशाल सेना को नष्ट करने की सामर्थ्य रखती है।

लंका को और भी अधिक सुरक्षित रखने के लिये उसके चारों ओर अभेद्य स्वर्ण का परकोटा खींचा गया है। परकोटे के साथ-साथ गहरी खाइयाँ खुदी हुई हैं जो अगाध जल से भरी हुई हैं। उस जल में नक्र, मकर जैसे भयानक हिंसक जल-जीव निवास करते हैं। परकोटे पर थोड़े-थोड़े अन्तर से बुर्ज बने हुये हैं। उन पर विभिन्न प्रकार के विचित्र किन्तु शक्तिशाली यन्त्र रखे हुये हैं। यदि किसी प्रकार से शत्रु के सैनिक परकोटे पर चढ़ने में सफल हो भी जायें तो ये यन्त्र अपनी चमत्कारिक शक्ति से उन्हें खाई में धकेल देते हैं।

लंका के पूर्वी द्वार पर दस सहस्र पराक्रमी योद्धा शूल तथा खड्ग लिये सतर्कतापूर्वक पहरा देते हैं। दक्षिण द्वार पर एक लाख योद्धा अस्त्र-शस्त्रों से सुसज्जित होकर सदैव सावधानी की मुद्रा में खड़े रहते हैं। उत्तर और पश्चिम के द्वारों पर भी सुरक्षा की ऐसी ही व्यवस्था है। इतना सब कुछ होते हुये भी आपकी कृपा से मैंने उनकी शक्ति काफी क्षीण कर दी है क्योंकि जब रावण ने मेरी पूँछ में कपड़ा लपेट कर आग लगवा दी थी तो मैंने उसी जलती हुई पूँछ से लंका के दुर्गों को या तो समूल नष्ट कर दिया या उन्हें अपार क्षति पहुँचाई है। अनेक यन्त्रों की दुर्दशा कर दी है और कई बड़े-बड़े सेनापतियों को यमलोक भेज दिया है।

अब तो केवल सागर पर सेतु बाँधने की देर है, फिर तो राक्षसों का विनाश होते अधिक देर नहीं लगेगी।"

17

वानर सेना का प्रस्थान

हनुमान के मुख से लंका का यह विशद वर्णन सुन कर रामचन्द्र बोले, "हनुमान! तुमने भयानक राक्षस रावण की जिस लंकापुरी का वर्णन किया है, उसे मैं शीघ्र ही नष्ट कर डालूँगा। सुग्रीव! अभी विजय नामक मुहूर्त है और इस मुहूर्त में प्रस्थान करना अत्यन्त उपयुक्त है। अतः तुम तत्काल प्रस्थान की तैयारी करो। आज उत्तराफाल्गुनी नामक नक्षत्र है। कल चन्द्रमा का हस्त नक्षत्र से योग होगा। इसलिये हे सुग्रीव! हम लोगों का आज ही सारी सेनाओं के साथ यात्रा आरम्भ कर देना ही उचित है। इस समय जो शकुन प्रकट हो रहे हैं उन्हें देखकर यह विश्वास होता है कि मैं अवश्य ही रावण का वध कर के जनकनन्दिनी सीता को ले आऊँगा।"

रघुनाथ जी के वचन सुनकर महापराक्रमी वानरशिरोमणि सुग्रीव ने वानर सेनापतियों को यथोचित आज्ञा दी और समस्त महाबली वानरगण अपनी गुफाओं और शिखरों से शीघ्र ही निकल कर उछलते-कूदते हुए चलने लगे। उनमें से कुछ वानर उस सेना की रक्षा के लिये उछलते-कूदते चारों ओर चक्कर लगाते थे, कुछ मार्गशोधन के लिये कूदते-फाँदते आगे बढ़ते जाते थे, कुछ वानर मेघों के समान गर्जते, कुछ सिंहों के समान दहाड़ते और कुछ किलकारियाँ भरते हुए दक्षिण दिशा की ओर अग्रसर हो रहे थे। इस प्रकार से लाखों और करोड़ों वानर आगे-आगे श्री रामचन्द्र, लक्ष्मण और सुग्रीव को ले कर जयजयकार करते हुये सागर तट की ओर चल पड़े। 'श्री रामचन्द्र की जय' और 'रावण की क्षय' की घोषणाओं से दसों दिशाएँ गूँजने लगीं। कुछ वानर बारी-बारी से दोनों भाइयों को अपनी पीठ पर चढ़ाये लिये जा रहे थे। उनको अपनी-अपनी पीठ पर चढ़ाने के लिये वे एक दूसरे से प्रतिस्पर्धा करने लगे। उनकी तीव्र गति के कारण समस्त वातावरण धूलि-धूसरित हो रहा था।

अम्बर धूमिल हो गया था और आकाश में चमकता हुआ सूर्य भी फीका पड़ गया था। जब वह सेना नदी नालों को पार करती तो उनके प्रवाह भी उसके कारण परिवर्तित हो जाते थे। चारों ओर वानर ही वानर दिखाई देते थे। वे मार्ग में कहीं विश्राम लेने के लिये भी एक क्षण को नहीं ठहरते थे। उनके मन मस्तिष्क पर केवल रावण छाया हुआ था। वे सोचते थे कि कब

लंका पहुँचें और कब राक्षसों का संहार करें। इस प्रकार राक्षसों के संहार की कल्पना में लीन यह विशाल वानर सेना समुद्र तट पर जा पहुँची। अब वे उस क्षण की कल्पना करने लगे जब वे समुद्र पार करके दुष्ट रावण की लंका में प्रवेश करके अपने अद्भुत पराक्रम का प्रदर्शन करेंगे।

सागर के तट पर एक स्वच्छ शिला पर बैठ राम सुग्रीव से बोले, "हे सुग्रीव! हम सागर के तट तक तो पहुँच गये। अब यहाँ मन में फिर वही चिन्ता उत्पन्न हो गई कि इस विशाल सागर को कैसे पार किया जाय। अपनी सेना की छावनी यहीं डाल कर हमें इस समुद्र को पार करने का उपाय सोचना चाहिये। इधर जब तक हम इसका उपाय ढूँढें, तुम अपने गुप्तचरों को सावधान कर दो कि वे शत्रु की गतिविधियों के प्रति सचेष्ट रहें। कोई वानर अपने छावनी से अकारण बाहर भी न जाये क्योंकि इस क्षेत्रमें लंकेश के गुप्तचर अवश्य सक्रिय होंगे।

रामचन्द्र जी के निर्देशानुसार समुद्र तट पर छावनी डाल दी गई। समुद्र की उत्तुंग तरंगें आकाश का चुम्बन कर अपने विराट रूप का प्रदर्शन कर रहा था। सम्पूर्ण वातावरण जलमय प्रतीत होता था। आकाश में चमकने वाला नक्षत्र समुदाय सागर में प्रतिबिंबित होकर समुद्र को ही आकाश का प्रतिरूप बना रहा था। वानर समुदाय समुद्र की छवि को आश्चर्य, कौतुक और आशंका से देख रहा था।

18

लंका में राक्षसी मन्त्रणा

इन्द्रतुल्य पराक्रमी हनुमान जी ने लंका में जो अत्यन्त भयावह घोर कर्म किया था, उसे देखकर राक्षसराज रावण को बड़ी लज्जा और ग्लानि हुई। उसने समस्त प्रमुख राक्षसों को बुला कर कहा, "निशाचरों! एकमात्र वानर हनुमान अकेला इस दुर्धुष पुरी में घुस आया। उसने इसे तहस-नहस कर डाला और जनककुमारी सीता से भेंट भी कर लिया। सूचना मिली है कि राम सहस्त्रों धीरवीर वानरों के साथ हमारी लंकापुरी पर आक्रमण करने के लिये आ रहे हैं। यह बात भी भलीभाँति स्पष्ट हो चुकी है कि वे रघुवंशी राम अपने समुचित बल के द्वारा भाई, सेना और सेवकों सहित सुखपूर्वक समुद्र को पार कर लेंगे। ऐसी स्थिति में वानरों से विरोध आ पड़ने पर नगर और सेना के लिये जो भी हितकर हो, वैसे सलाह आप लोग दीजिये।"

राक्षस बलवान तो बहुत थे किन्तु न तो उन्हें नीति का ज्ञान था और न ही वे शत्रुपक्ष के बलाबल को समझते थे। इसलिये वे कहने लगे, "राजन्! आप व्यर्थ ही भयभीत हो रहे हैं। आपने नागों और गन्धर्वों को भी युद्ध में परास्त कर दिया है, दानवराज मय ने आपसे भयभीत होकर अपनी कन्या आपको समर्पित कर दी थी, मधु नामक दैत्य को आपने जीता है। आपके पुत्र मेघनाद ने देवताओं के अधिपति इन्द्र पर विजय प्राप्त करके इन्द्रजित की उपाधि प्राप्त की है। साधारण नर और वानरों से प्राप्त हुई इस आपत्ति के विषय में चिन्ता करना आपके लिये उचित नहीं है। आप सहज ही राम का वध कर डालेंगे।"

रावण के समक्ष प्रहस्त, दुर्मुख, वज्रदंष्ट्र, निकुम्भ, वज्रहनु आदि प्रमुख राक्षसों शत्रुसेना को मार गिराने के लिये अत्यन्त उत्साह दिखाया। उनके उत्साहवर्धक वचन सुनकर रावण अत्यन्त प्रसन्न हुआ और उनकी हाँ में हाँ मिलाने लगा।

मन्त्रियों को रावण की हाँ में हाँ मिलाते देख विभीषण ने हाथ जोड़कर कहा, "हे तात! जो मनोरथ साम (मेल मिलाप), दान (प्रलोभन) और भेद (शत्रु पक्ष में फूट डालना) से सिद्ध न हो सके, उसकी प्राप्ति के लिये नीतिशास्त्र का आश्रय लेना चाहिये। हे रावण! अस्थिर बुद्धि, व्याधिग्रस्त आदि लोगों पर बल का प्रयोग करके कार्य सिद्ध करना चाहिये, परन्तु राम न

तो अस्थिर बुद्धि है और न व्याधिग्रस्त। वह तो दृढ़ निश्चय के साथ आपसे युद्ध करने के लिये आया है, इसलिये उस पर विजय प्राप्त करना सरल नहीं है।

क्या हम जानते थे कि एक छोटा सा वानर हनुमान इतना विशाल सागर पार करके लंका में घुस आयेगा? परन्तु वह केवल आया ही नहीं, लंका को भी विध्वंस कर गया। इस एक घटना से हमें राम की शक्ति का अनुमान लगा लेना चाहिये। उस सेना में हनुमान जैसे लाखों वानर हैं जो राम के लिये अपने प्राणों की भी बलि चढ़ा सकते हैं। इसलिये मेरी सम्मति है कि आप राम को सीता लौटा दें और लंका को भारी संकट से बचा लें। यदि ऐसा न किया गया तो मुझे भय है कि लंका का सर्वनाथ हो जायेगा। राम-लक्ष्मण के तीक्ष्ण बाणों से लंका का एक भी नागरिक जीवित नहीं बचेगा। आप मेरे प्रस्ताव पर गम्भीरता से विचार करें। यह मेरा निवेदन है।"

19

विभीषण का निष्कासन

दूसरे दिन महान मेघों की गर्जना के समान घरघराहट पैदा करने वाले मणियों से अलंकृत चार घोड़ों से युक्त स्वर्ण-रथ पर आरूढ़ हो रावण अपने सभा भवन की ओर चला। भाँति-भाँति के अस्त्र-शस्त्रों से सुसज्जित राक्षस सैनिक उसके आगे-पीछे उसकी जयजयकार करते हुये चले। मार्ग में लोग शंखों और नगाड़ों के तुमुलनाद से सम्पूर्ण वातावरण को गुँजायमान कर रहे थे। सड़कों पर सहस्रों नागरिक खड़े होकर उसका अभिवादन कर रहे थे जिससे उसका मस्तक गर्व से उन्नत हो रहा था। इस समय वह अपनी वैभव की तुलना देवराज इन्द्र से कर रहा था। सभा भवन में पहुँच कर वह अपने मणिमय स्वर्ण-सिंहासन पर जाकर बैठ गया। उसके सिंहासनासीन होने पर अन्य दरबारियों अवं मन्त्रियों ने भी अपने-अपने आसन ग्रहण किये।

शत्रुविजयी रावण ने उस सम्पूर्ण सभा की ओर दृष्टिपात करके कहा, "सभासदों! मैं दण्डकारण्य से राम की प्रिय रानी जनकदुलारी सीता को हर लाया हूँ। किन्तु वह मेरी शय्या पर आरूढ़ होना नहीं चाहती है। मेरी दृष्टि में तीनों लोकों के भीतर सीता के समान सुन्दरी अन्य कोई स्त्री नहीं है। उसे देखने के बाद मेरा मन मेरे वश में नहीं रह गया है। काम ने मुझे आधीन कर लिया है।"

कामातुर रावण का यह प्रलाप सुनकर कुम्भकर्ण ने क्रोधित होकर कहा, "महाराज! तुमने जो यह छलपूर्वक छिपकर परस्त्री-हरण का कार्य किया है, यह तुम्हारे लिये बहुत अनुचित है। इस पापकर्म को करने से पहले आपको हमसे परामर्श कर लेना चाहिये था। यद्यपि तुमने अनुचित कर्म किया है तथापि तुम्हारे शत्रुओं का संहार करूँगा।"

कुम्भकर्ण के वचन सुनकर रावण को क्रोधित होते देख महापार्श्व ने हाथ जोड़कर कहा, "शत्रुसूदन महाराज! आप तो स्वयं ही ईश्वर हैं! आप विदेहकुमारी सीता के साथ उसकी इच्छा की परवाह न कर रमण कीजिये। आपके जो भी शत्रु आयेंगे, उन्हें हम लोग अपने शस्त्रों के प्रताप से जीत लेंगे।"

महापार्श्व के ऐसा कहने पर लंकाधिपति रावण ने उसकी प्रशंसा करते हुए कहा, "महापार्श्व! पूर्वकाल में मैंने एक बार आकाश में अग्नि-पुञ्ज के समान प्रकाशित होती हुई पुञ्जिकस्थला नाम की अप्सरा से बलात् सम्भोग किया था। मेरे इस कृत्य से अप्रसन्न होकर मुझे शाप दे दिया था कि आज के बाद यदि किसी दूसरी नारी के साथ बलपूर्वक समागम करेगा तो तेरे मस्तक के सौ टुकड़े हो जायेंगे। उस शाप से भयभीत होने के कारण मैं विदेहकुमारी से बलात् समागम नहीं कर सकता।"

फिर अपने शूरवीर सेनानायकों एवं मन्त्रियों को सम्बोधित करते हुये वह बोला, "हे बुद्धमान और वीर सभासदों! आज हम लोगों को अपने भावी कार्यक्रम पर विचार करना है। राम सुग्रीव की वानर सेना लेकर समुद्र के उस पार आ पहुँचा है। हमें उसके साथ किस नीति का अनुसरण करना है, इसके विषय में तुम लोग सोच-विचार कर अपनी सम्मति दो क्योंकि तुम सभी बुद्धिमान, नीतिनिपुण और अनुभवी हो।"

रावण की बात सुन कर लगभग सभी राक्षसों ने उत्साहित होकर उसे वानर सेना से युद्ध करने का परामर्श दिया। उनका मत था कि हमारे अपार बल के आगे ये छोटे-छोटे वानर ठहर नहीं सकेंगे। प्रत्येक दशा में विजय हमारी होगी।

अन्य सभी राक्षसों के सम्मति दे चुकने पर विभीषण ने खड़े होकर कहा, "हे तात! सीता का जो अपहरण आपने किया है, वह अत्यन्त अनुचित है। सीता वास्तव में एक विषैली नागिन है जो आपके गले में आकर लिपट गई है। उसके उन्नत उरोज भयंकर फन हैं, उसका चिन्तन मारक विष है और उसकी मुस्कान तीक्ष्ण दाढ़ें हैं। उसकी पाँचों अँगुलियाँ उसके पाँच सिर हैं। यह आपके प्राणों को अपना निशाना बना कर बैठी है। इसलिये मैं आपसे कहता हूँ कि यदि आपने इस नागिन से छुटकारा नहीं पाया तो राम के बाण राक्षसों के सिर काटने में तनिक भी संकोच न करेंगे। इसलिये सबका कल्याण इसी में है कि सीता को तत्काल लौटा कर राम से संधि कर ली जाय।"

विभीषण के वचन सुन कर प्रहस्त ने कहा, "विभीषण! हमने युद्ध में देवताओं, राक्षसों तथा दानवों को पराजित किया है, फिर एक साधारण मानव से भयभीत होने की क्या आवश्याकता है?"

प्रहस्त का प्रश्न सुनकर विभीषण ने उत्तर दिया, "हे मन्त्रिवर! राम कोई साधारण मानव नहीं हैं। उनका वध करना वैसा ही असम्भव है जैसा बिना नौका के सागर को पार करना। मैं उनकी शक्ति को जानता हूँ, हमारी सम्पूर्ण दानवीय शक्ति भी उनके सम्मुख नहीं ठहर सकतीं। राक्षस ही क्या देव, गन्धर्व और किन्नर भी उनसे जीत नहीं सकते।"

फिर विभीषण ने रावण को सम्बोधित करते हुए कहा, "हे राक्षसराज! आप काम के वशीभूत होकर अनुचित कार्य करने जा रहे हैं और ये मन्त्रिगण केवल चाटुकारिता में आपकी हाँ में हाँ मिला रहे हैं। ये आपके हित की सच्ची बात नहीं कह रहे हैं। मैं फिर आपसे कहता हूँ कि सीता को लौटाकर राम से संधि कर लेने में ही आपका, लंका का और सम्पूर्ण राक्षस समुदाय का कल्याण है।"

विभीषण की बातों से चिढ़ कर मेघनाद बोला, "चाचा जी! आप सदा कायरों की भाँति निरुत्साहित करने वाली बातें किया करते हैं। आपने अपनी कायरता से पुलस्त्य वंश को कलंकित किया है। क्षमा करें, इस कुल में आज तक कोई ऐसा भीरु और निर्वीर्य व्यक्ति ने जन्म नहीं लिया।"

मेघनाद के मुख से ये अपमानजनक शब्द सुनकर भी विभीषण ने अपने ऊपर संयम रखते हुये कहा, "मेघनाद! तुम अभी बालक हो। तुम में दूरदर्शिता का अभाव है। इसीलिये तुम ऐसी बात कर रहे हो। मैं फिर कहता हूँ कि राघव से क्षमा माँग कर सीता को लौटाने में ही हमारा कल्याण है।"

विभीषण को बार-बार सीता को लौटाने की बात करते देख रावण ने क्रुद्ध होकर कहा, "बुद्धिमान लोगों ने ठीक ही कहा है कि चाहे शत्रु के साथ निवास करें, सर्प के साथ रहें, परन्तु शत्रु का हित चाहने वाले मित्र के साथ कदापि न रहें। ऐसे लोग मित्र के वेश में घोर शत्रु होते हैं। विभीषण! तुम हमारे सबसे बड़े शत्रु हो जो राम की सराहना करके हमारा मनोबल गिराने का प्रयत्न करते हो। मैं जानता हूँ कि तुम मुख से मेरे हित की बात करते हो परन्तु हृदय से मेरे ऐश्वर्य, वैभव तथा लोकप्रियता से ईर्ष्या करते हो। यदि तुम मेरे भाई न होते तो सबसे पहले मैं तुम्हारा वध करता। यदि वध न करता तो भी कम से कम तुम्हारी जीभ अवश्य खिंचवा लेता। मेरे सामने से दूर हो जा देशद्रोही! और फिर अपना मुख मुझे कभी मत दिखाना।"

रावण से अपमानित होकर विभीषण उठ खड़ा हुआ और बोला, "मैं समझ गया हूँ, तुम्हारे सिर पर काल मँडरा रहा है। इसलिये तुम मित्र और शत्रु में भेद नहीं कर सकते। मैं जाता हूँ। फिर तुम्हें मुख नहीं दिखाउँगा।"

इतना कह कर विभीषण वहाँ से चल दिया।

20

सेतु बन्धन

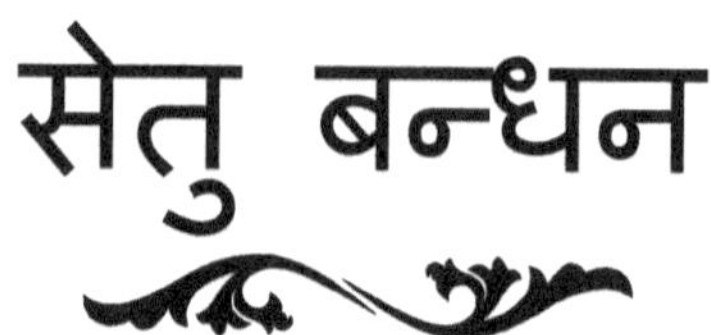

वानरसेना के समक्ष विशाल समुद्र लहरें मार रहा था और उसे पार करना एक बहुत बड़ी समस्या थी। राम के क्रोध से भयभीत होकर समुद्र ने स्वयं वहाँ आकर बताया कि सुग्रीव की सेना में नल और नील कुशल शिल्पी हैं। उनके नेतृत्व में समुद्र पर सेतु बाँधना सम्भव हो सकेगा। इतना बताकर समुद्र वापस चले गये।

समुद्र की बात सुनकर वानर नल ने श्री राम से कहा, "प्रभो, मैं विश्वकर्मा का औरस पुत्र हूँ और गुण में उन्हीं के समान हूँ। मैं महासागर पर पुल बाँधने में सर्वथा समर्थ हूँ इसलिये मैं समुद्र पर सेतु का निर्माण करूँगा।

नल-नील असंख्य वानरों को लेकर सेतु निर्माण के कार्य में जुट गये। उनके आदेश के अनुसार वानर सेना बड़े-बड़े वृक्षों को उखाड़ कर समुद्र तट पर एकत्रित करने लगे। देखते-देखते वहाँ साल, अश्वकर्ण, धब, बाँस, कुटज, अर्जुन, कर्णिकार, जामुन, अशोक आदि वृक्षों का एक विशाल गगनचुम्बी ढेर लग गया। इस प्रकार सागर के किनारे वृक्षों तथा शिलाओं के दो विशाल पर्वत बन गये। इसके पश्चात् उन्होंने बड़े-बड़े शिलाखण्डों को समुद्र में नल-नील के निर्देशानुसार डालना आरम्भ किया। उन शिलाखण्डों एवं वृक्षों को शिल्पकला में चतुर नल-नील सेतु का रूप देते जा रहे थे। इस प्रकार उन्होंने अधिक परिश्रम करके पहले ही दिन छप्पन कोस लम्बा पुल बना दिया। दूसरे दिन उन्होंने और भी अधिक फुर्ती दिखाई और चौरासी कोस लम्बा पुल बनाया। फिर अतुल परिश्रम से तीसरे दिन बानबे कोस लम्बा सेतु बनाया। इस प्रकार निरन्तर परिश्रम करके उन्होंने चार सौ कोस लम्बा पुल बना डाला। अब नल-नील के प्रयत्नों से चालीस कोस चौड़ा और चार सौ कोस लम्बा मजबूत पुल बन कर तैयार हो गया।

समुद्र पर सेतु बन जाने के पश्चात् श्री रामचन्द्र जी ने हनुमान की पीठ पर और लक्ष्मण ने अंगद की पीठ पर बैठ कर सेतु पर होते हुये विशाल सागर पार किया। उनके पीछे-पीछे सम्पूर्ण वानर सेना भी सुग्रीव के नेतृत्व में समुद्र को पार कर लंका में पहुँच गई। इस सेना के लंका में पहुँचते ही राक्षसों में भयानक हलचल मच गई। वे लंका दहन की घटना को स्मरण

कर भयभीत होने लगे।

उधर रावण ने शुक और सारण नामक मन्त्रियों को बुला कर उनसे कहा, "हे चतुर मन्त्रियों! अब राम ने वानरों की सहायता से अगाध समुद्र पर सेतु बाँध कर उसे पार कर लिया है और वह लंका के द्वार पर आ पहुँचा है। तुम दोनों वानरों का वेश बना कर राम की सेना में प्रवेश करो और यह पता लगाओ कि शत्रु सेना में कुल कितने वानर हैं, उनके पास अस्त्र-शस्त्र कितने और किस प्रकार के हैं तथा मुख्य-मुख्य वानर नायकों के नाम क्या हैं।"

रावण की आज्ञा पाकर दोनों कूटनीतिज्ञ मायावी राक्षस वानरों का वेश बना कर वानरोंसेना में घुस गये, परन्तु वे विभीषण की तीक्ष्ण दृष्टि से बच न सके। विभीषण ने उन दोनों को पकड़ कर राम के सम्मुख करते हुये कहा, "हे राघव! ये दोनों गुप्तचर रावण के मन्त्री शुक और सारण हैं जो हमारे कटक में गुप्तचरी करते पकड़े गये हैं।"

राम के सामने जाकर दोनों राक्षस थर-थर काँपते हुये बोले, "हे राजन्! हम राक्षसराज रावण के सेवक हैं। उन्हीं की आज्ञा से आपके बल का पता लगाने के लिये आये थे। हम उनकी आज्ञा के दास हैं, इसलिये उनका आदेश पालन करने के लिये विवश हैं। राजभक्ति के कारण हमें ऐसा करना पड़ा है। इसमें हमारा कोई दोष नहीं है।"

उनके ये निश्चल वचन सुन कर रामचन्द्र बोले, "हे मन्त्रियों! हम तुम्हारे सत्य भाषण से बहुत प्रसन्न हैं। तुमने यदि हमारी शक्ति देख ली है, तो जाओ। यदि अभी कुछ और देखना शेष हो तो भली-भाँति देख लो। हम तुम्हें कोई दण्ड नहीं देंगे। आर्य लोग शस्त्रहीन व्यक्ति पर वार नहीं करते। अतएव तुम अपना कार्य पूरा करके निर्भय हो लंका को लौट जाओ। तुम साधारण गुप्तचर नहीं, रावण के मन्त्री हो। इसलिये उससे कहना, जिस बल के भरोसे पर तुमने मेरी सीता का हरण किया है, उस बल का परिचय अपने भाइयों, पुत्रों तथा सेना के साथ हमें रणभूमि में देना। कल सूर्योदय होते ही अन्धकार की भाँति तुम्हारी सेना का विनाश भी आरम्भ हो जायेगा।"

श्री रामचन्द्र जी के वचनों से भयरहित हो उनका जयजयकार करते हुये शुक तथा सारण लंका में पहुँचे और रावण के सम्मुख उपस्थित होकर बोले, "हे स्वामिन्! हमारे वानर सेना में प्रवेश करते ही विभीषण ने हमें पहचान कर राम के सम्मुख उपस्थित कर दिया, परन्तु राम ने हमें निःशस्त्र दूत समझ कर छोड़ दिया। अब रही वानरों के बल की बात, उसका पता लगाना सम्भव नहीं है, क्योंकि उनमें प्रत्येक के मन में आपके विरुद्ध क्रोध तथा घृणा की ज्वाला धधक रही है। उनसे बात करना ही सम्भव नहीं है, किसी बात का पता लगाना तो बहुत कठिन है। राम ने कहलवाया है कि सूर्योदय होते ही वह राक्षस सेना का विनाश आरम्भ कर देगा। अब आप जैसा उचित समझें वैसा करें।"

दोनों मन्त्रियों के ये वचन सुनकर रावण क्रोध से उबलते हुये बोला, "चाहे कुछ भी हो जाय, मैं किसी भी दशा में सीता को वापिस नहीं करूँगा। मुझे विश्वास है, राम अपनी सेना सहित युद्ध भूमि में मेरे हाथों से अवश्य मारा जायेगा।"

मन्त्रियों के उत्तर से सन्तुष्ट न होकर रावण ने कुछ अन्य गुप्तचरों को छद्म वेश में वानर सेना में भेजा। उन्होंने बड़ी चतुराई से सम्पूर्ण जानकारी प्राप्त करके रावण को बतलाया कि राम ने अपना सैनिक शिविर सुवेल पर्वत पर लगाया है। उनमें जाम्बवन्त नामक ऋक्ष सबसे दुर्धुर्ष एवं तेजस्वी है। उसके अतिरिक्त तीन वानर सबसे अधिक बलवान और पराक्रमी हैं। उनके नाम सुमुख, दुर्मुख तथा वेगदर्शी हैं। नल-नील उस सैनिक टुकड़ी के अध्यक्ष हैं जिसने समुद्र पर सेतु बाँधा है। अंगद अपने पिता वालि से भी अधिक तेजस्वी एवं बलवान है। उसके अतिरिक्त सहस्त्रों अद्भुत शक्तिसम्पन्न पराक्रमी वानर हैं। राम और लक्ष्मण तो जनस्थान को नष्ट करके अपने बल का परिचय आपको दे ही चुके हैं।

21

सीता के साथ छल

जब रावण के गुप्तचरों ने बताया कि श्री रामचन्द्र जी की सेना सुवेल पर्वत पर आकर ठहरी है और उस पर विजय पाना असम्भव है तब वह उद्वेलित हो गया। उसने महाबली, महामायावी, मायाविशारद राक्षस विधुज्जिह्व को बुलाकर आदेश दिया कि वह शीघ्र श्री रामचन्द्र जी का मायानिर्मित मस्तक बनाकर लाये। रावण की आज्ञा पाकर वह शीघ्र ही श्री राम का सिर बना लाया जो रक्त से लथपथ था। उसे देखकर कोई नहीं कह सकता था कि ये वास्तव में राम का मस्तक नहीं है। उस मस्तक को बाण की नोक पर रखकर वह अशोकवाटिका में जाकर सीता से बोला, "हे सीते! तूने राम की शक्ति पर अगाध विश्वास करके मेरा कहना नहीं माना। देख, राम युद्धभूमि में मारा गया। ले, अपने पति के मरने का समाचार सुन और इस सिर को देखकर अपने अभिमान पर आँसू बहा। वह अभिमानी वानरों के भरोसे मुझसे युद्ध करने आया था।

रात्रि को जब वानर सेना सहित राम और लक्ष्मण दोनों सो रहे थे, तब मेरे सेनापति प्रहस्त ने एक विशाल सेना लेकर उस पर आक्रमण कर दिया और अपने भयंकर हथियारों से मारकाट मचा दी। बहुत सी सेना मारी गई और जो बचे, वे प्राण लेकर भाग गये। तब प्रहस्त ने सोते हुये राम के सिर को काट डाला। इस आक्रमण में विभीषण भी मारा गया। तुझे प्राप्त करने के लिये मुझे ऐसा भयंकर संहार करना पड़ा। अब तेरा कोई आश्रय नहीं रह गया है, इसलिये अब तुझे चाहिये कि तू मुझे पति रूप में स्वीकार कर ले।"

इतना कह कर रावण ने उस मायारचित सिर को सीता के समक्ष रख दिया।

जब सीता ने उन दोनों मस्तकों को देखा जो सब प्रकार से आकृति, मुद्रा आदि में राम से मिलता था तो वह बिलख-बिलख कर रो पड़ी और नाना प्रकार से विलाप करती हुई कैकेयी को कोसने लगी, "हा! आज कैकेयी की मनोकामना पूरी हो गई। हा नागिन! आज तुम्हारी इच्छा पूरी हुई। अब तुम्हारा भरत निष्कंटक होकर राज करेगा। तुमने अपने स्वार्थ के पीछे रघुकुल का नाश कर दिया।"

इस प्रकार विलाप करती हुई वे मूच्छिंत होकर पृथ्वी पर गिर पड़ीं। जब चेतना लौटी तो वे फिर विलाप करने लगीं, "हा नाथ! यह सब क्या हो गया? आज मैं विधवा हो गई। आप मुझे यहाँ किसके भरोसे पर छोड़ गये। मुझसे ऐसा क्या अपराध हो गया है कि मैं रो-रो कर मर रही हूँ और आप चुपचाप देख रहे हैं।

मुझसे सान्त्वना का एक शब्द भी नहीं कह रहे। ऐसे निर्मोही तो आप कभी नहीं थे। वन चलते समय आपने वचन दिया था कि तेरा साथ कभी नहीं छोड़ूँगा, परन्तु आज आप मुझे अकेला छोड़ कर चल दिये। आपकी प्रतीक्षा में आँखें बिछाये कौसल्या जब ये समाचार सुनेंगीं तो उनकी क्या दशा होगी? कौन उनके आँसू पोंछेगा? हा! आज मैं ही आप दोनों कि मृत्यु का कारण बन गई। हे नीच रावण! तूने दोनों भाइयों की हत्या तो करा ही दी अब मेरा शीश भी काटकर अपनी कृपाण की प्यास बुझा ले। मेरे पति स्वर्ग में मेरी प्रतीक्षा कर रहे हैं। अब मैं इस संसार में एक क्षण भी रहना नहीं चाहती। उठा तलवार, कर अपना काम।"

जब सीता इस प्रकार विलाप कर रही थी तभी एक राक्षस ने आकर रावण को सूचना दी कि मन्त्री प्रहस्त अत्यन्त आवश्यक कार्य से इसी समय आपके दर्शन करना चाहते हैं। यह सुनते ही रावण तत्काल उस सिर को लेकर वहाँ से चला गया। उस समय तक सीता पुनः मूच्छिंत हो चुकी थीं।

विभीषण की स्त्री इस घटना की सूचना पा कर अशोकवाटिका में आई। वह सीता की मूर्छा दूर करके उन्हें समझाने लगी, "रावण ने तुमसे जो कुछ कहा है, वह झूठ है। राम न तो मारे गये हैं और न ये दुष्ट उन्हें मार ही सकते हैं। ये सिर माया से बनाया गया हैं। तुम इसके छल में पड़कर यह भी भूल गईं कि लक्ष्मण दिन रात राघव की सेवा में रहते हैं और वे रात को कभी नहीं सोते। फिर सोते में उनके सिर कैसे काटे जा सकते हैं? तनिक कान लगाकर सुनो। रण की तैयारी करती हुई राक्षस सेना की गर्जना की ध्वनि स्पष्ट सुनाई दे रही है। यदि राम-लक्ष्मण वानरों सहित मारे जाते तो फिर यह तैयारी किसलिये होती?"

ये तर्कयुक्त वचन सुनकर सीता इस बात पर विचार करने लगी।

22

अंगद रावण दरबार में

सुवेल पर्वत पर श्री रामचन्द्र जी ने लंका का निरीक्षण करने के पश्चात् वे अपने सेनपतियों, विभीषण तथा वानरों आदि को लेकर लंका के मुख्य द्वार के निकट पहुँचे। यही लंका का सबसे विशाल मुख्य द्वार था। उन्होंने वहाँ पर एक दर्भेद्य व्यूह की रचना की। उस विशाल द्वार पर लक्ष्मण सहित राम धनुष धारण कर खड़े हो गये। पूर्व द्वार पर सेनापति नल, नील, मैंद तथा द्विविद असंख्य पराक्रमी वीरों के साथ खड़े हुये। दक्षिण द्वार पर अंगद, ऋषभ, गज, गवय तथा गवाक्ष नामक तेजस्वी सेनापति एकत्रित हुये। पश्चिम द्वार से आक्रमण का भार हनुमान, प्रजंघ, तरस आदि अद्वतीय पराक्रमी सेनानायकों को सौंपा गया। उन सबके मध्य में एक दुर्भेद्य व्यूह बनाकर वानरराज सुग्रीव चुने हुये वानरों के साथ खड़े हो गये। रामचन्द्र और सुग्रीव दोनों के बीच में विशाल सेना लेकर जाम्बवन्त तथा सुषेण खड़े हुये।

इस प्रकार की व्यूह रचना करके राम ने राजधर्म का विचार करते हुए वालिपुत्र अंगद को बुला कर बोले, "सौम्य! कपिवर! तुम तेजस्वी, बलवान तथा वाक्-पटु हो। इस लिये तुम रावण से जाकर कहो कि तुम चोरों की भाँति एकान्त से सीता को चुरा लाये थे। अब रणभूमि में आकर अपना रणकौशल दिखाओ। हम तुम्हें एक अवसर और देते हैं। यदि तुम सीता को लेकर दाँतों में तृण दबाकर हमसे अपने अपराध के लिये क्षमायाचना करोगे तो हम तुम्हें अब भी क्षमा कर देंगे, अन्यथा कल प्रातःकाल से युद्ध होगा जिसमें तुम समस्त राक्षसों के साथ मारे जाओगे।"

रामचन्द्र की आज्ञा पाकर वालिसुत अंगद छलांग लगाकर लंका के परकोटे को पार कर रावण के दरबार में पहुँचे। उन्होंने कहा, "मैं वालि का पुत्र और श्री रामचन्द्र जी का दूत अंगद हूँ। श्री रामचन्द्र जी ने कहलाया है किस तुमने सीता को चुरा कर जो जघन्य अपराध किया है, उसके लिये मैं परिवार सहित तुम्हारा और तुम्हारे वंश का नाश करूँगा। यदि अब भी तुम अपनी कुशल चाहते हो तो सीता को आगे करके मुख में तृण रखकर क्षमायाचना करो, तुमको क्षमा कर दिया जायेगा तुम देवता, दानवों, यक्ष, गन्धर्व सबके शत्रु हो, इसलिये तुम्हारा

विनाश करना ही श्रेयस्कर है। मैं श्री रामचन्द्र जी की ओर से तुम्हें एक बार फिर समझाता हूँ, यदि तुमने उनसे क्षमा नहीं माँगी तो तुम मारे जाओगे और लंका का राज्य तथा ऐश्वर्य तुम्हारा भाई विभीषण भोगेगा।"

अंगद के कठोर वचन सुनकर क्रुद्ध हो रावण ने अपने सैनिकों को आज्ञा दी, "इस दुर्बुद्धि वानर को पकड़ कर मौत के घाट उतार दो।"

रावण की आज्ञा पाते ही चार राक्षसों ने अंगद को पकड़ लिया। पकड़े जाने पर उन्होंने एक धक्का देकर उन्हें भूमि पर गिरा दिया और स्वयं छलांग लगाकर छत पर पहुँच गये। क्रोध से जब उन्होंने छत पर अपना पैर पटका तो एक ही आघात से छत ध्वस्त हो कर नीचे आ गिरी। फिर विजय गर्जना करते हुये अपने कटक को लौट गये।

इसी समय गुप्तचरों ने आकर रावण को सूचना दी कि वानरों ने लंका को चारों ओर से घेर लिया है। उसने स्वयं छत पर चढ़कर चारों ओर वानरों की विशाल सेना को व्यूह बनाये देखा तो एक बार उसका हृदय भी भय और आशंका व्याप्त हो उठा।

उधर अंगद के पहुँचने के पश्चात् रामचन्द्र जी ने अपनी सेना को लंका का विध्वंस करने तथा राक्षसों का वध करने की आज्ञा दी। आज्ञा पाते ही वानर सेना बड़े-बड़े वृक्षों एवं शिलाखण्डों को लेकर लंका पर चढ़ दौड़ी। वे वृक्षों, पत्थरों, लात-घूसों से परकोटे और उसके द्वारों को तोड़ने और विशाल खाई को पाटने लगे। थोड़ी ही देर में उन्होंने भयंकर आघातों से नगर के चारों फाटक चूर-चूर कर दिया। परकोटे में बड़े-बड़े छेद हो गये। जब पुरी के द्वार और परकोटे नष्ट-भ्रष्ट हो गये तो रावण ने राक्षस योद्धाओं को बाहर निकल कर युद्ध करने का आदेश दिया।

आदेश मिलते ही राक्षस सेना हाथियों, घोड़ों, रथों आदि पर सवार होकर अपनी पैदल सेना के साथ पूरे वेग से वानरों पर टूट पड़ी। दोनों ओर के सैनिक अपने प्राणों का मोह त्याग कर भयानक युद्ध करने लगे। हाथी, घोड़ों की चिंघाड़ तथा हिनहिनाहट से, तलवारों की झंकार और सैनिकों के ललकार भरे जयजयकार से सारा वातावरण गूँज उठा। नाना प्रकार के वाद्यवृन्द तथा रणभेरियाँ योद्धाओं के उत्साह को द्विगुणित कर रही थीं। वानरों का उत्साह राक्षसों से कई गुणा अधिक था। उनके वृक्षों, शिलाओं, नखों तथा दाँतों के प्रहार ने राक्षसों की सेना में भयंकर मार-काट मचा दी अस्ंख्य राक्षस मर-मर कर गिरने लगे। समुद्र तट से लंका के द्वार तक भूमि मृत एवं घायल सैनिकों से पटी दिखाई देती थी।

23

राम लक्ष्मण बन्धन में

इस प्रकार से युद्ध चल ही रहा था कि सूर्यदेव अस्त हो गये तथा प्राणों का संहार करने वाली रात्रि का आगमन हो गया। दोनों पक्ष के योद्धा बड़े भयंकर थे तथा अपनी-अपनी विजय चाहते थे; अतः उनके मध्य रात्रियुद्ध होने लगा। दोनों पक्ष के मध्य घनघोर युद्ध मच गया, 'मारो-मारो', 'काटो-काटो' शब्दों से समस्त समरभूमि गुंजायमान हो गई और रक्त की नदियाँ बहने लगीं। घायल होकर कराहते हुए राक्षसों तथा शस्त्रों से क्षत-विक्षत हुए वानरों का आर्तनाद बड़ा भयंकर प्रतीत होने लगा। वानरों और राक्षसों का संहार करने वाली वह भयंकर रजनी कालरात्रि के समान समस्त प्राणियों के दुर्लंघ्य हो गई थी।

श्री रामचन्द्र जी ने अग्निज्वाला के समान छः भयानक बाणों से निमिष मात्र में दुर्धर्ष वीर यज्ञशत्रु, महापार्श्व, महोदर, महाकाय, वज्रदंष्ट्र, शुक और सारण को घायल कर दिया। वे छहों राक्षस श्री रामचन्द्र जी के बाणसमूहों से अपने मर्मस्थान में चोट खाने पर युद्ध छोड़ कर भाग गये; इसीलिये उनके प्राण बच गये और उनकी आयु शेष रह गई। महारथी श्री राम ने अग्नि-शिखा के समान प्रज्वलित भयंकर बाणों द्वारा समस्त दिशाओं में प्रकाश कर दिया। उनके समक्ष जो भी राक्षसवीर आते थे वे उसी प्रकार से नष्ट होते जाते थे जिस प्रकार से आग में पड़कर पतिंगे जल जाते हैं।

राक्षस सेना की यह दुर्दशा देखकर रावण के पुत्र मेघनाद के तन-बदन में आग लग गई। उसने शीघ्र ही नाग बाणों की फाँस बना कर राम-लक्ष्मण दोनों को उसमें बाँध लिया। नाग फाँस में बँधने पर दोनों भाई मूर्छित हो गये।

श्री राम के मूर्छित होकर पृथ्वी पर गिरते ही मेघनाद ने हर्षोन्मत्त होकर दसों दिशाओं को गुँजाने वाली गर्जना की। राक्षस सेना में फिर से नवजीवन आ गया और वह मेघनाद की जयजयकार करती हुई बड़े उत्साह से वानर सेना पर टूट पड़ी। मेघनाद उनके उत्साह को बढ़ाते हुये कह रहा था, "जिनके कारण आज शोणित की सरिता बह रही है, वे ही दोनों भाई नागपाश के बँधे पृथ्वी पर मूर्छित पड़े हैं। अब देव, नर, किन्नर किसी में इतनी सामर्थ्य नहीं है जो इन्हें नागपाश से मुक्त कर सके। अब युद्ध समाप्त हो गया, लंकापति की विजय

हुई।"

इस प्रकार विजयघोष करता हुआ मेघनाद लंका को लौट गया।

राम-लक्ष्मण के मूर्छित हो जाने से सम्पूर्ण वानर सेना में शोक छा गया। सुग्रीव, अंगद, हनुमान, जाम्बवन्त आदि सभी सेनाध्यक्ष किंकर्तव्यविमूढ होकर दोनों भाइयों को घेर कर खड़े हो गये और इस विपत्ति से त्राण पाने का उपाय खोजने लगे। तभी विभीषण ने उन्हें धैर्य बँधाते हुये कहा, "हे वीरों! भयभीत होने की आवश्यकता नहीं है। यह नागपाश इन दोनों भाइयों का कुछ नहीं बिगाड़ सकती और न वे मर ही सकते हैं। इसलिये तुम इनकी चिन्ता छोड़कर अपने-अपने मोर्चों पर जाकर युद्ध करो। इन दोनों भाइयों को तुम मेरे ऊपर छोड़ दो।"

उधर जब रावण ने मेघनाद के मुख से राम-लक्ष्मण के नागपाश में बँधकर मूर्छित होने का समाचार सुना तो उसके हर्ष का पारावार न रहा। उसने सीता की रक्षा पर नियुक्त राक्षस नारियों को बुलाकर आदेश दिया, "तुम लोग सीता को पुष्पक विमान पर चढ़ाकर युद्ध भूमि में ले जाओ और उन्हें ले जाकर राम-लक्ष्मण को दिखाओ जो पृथ्वी पर मरे पड़े हैं।"

रावण की आज्ञा पाते ही राक्षसनियाँ जानकी को विमान में चढ़ाकर युद्धभूमि में ले गईं जहाँ राम-लक्ष्मण मूर्छित अवस्था में पड़े थे। सीता ने देखा राक्षस सेना जयजयनाद कर रही है और वानर सेना शोक में डूबी हुई निराश खड़ी है। दोनों भाइयों को इस प्रकार पृथ्वी पर पड़ा देखकर सीता के धैर्य का बाँध टूट गया और वे फूट-फूट कर रोने लगी, "हाय! आज मैं विधवा हो गई। बड़े-बड़े ज्योतिषियों की यह भविष्यवाणी मिथ्या हो गई कि मैं आजीवन सधवा रहूँगी, पुत्रवती बनूँगी। हे नाथ! आपने तो कहा था कि मैं अयोध्या लौटकर अश्वमेघ यज्ञ करूँगा। अब उस कथन का क्या होगा! जो विश्व को जीतने की शक्ति रखते थे, आज वे कैसे मौन पड़े हैं! हा विधाता! तेरी यह क्या लीला है? हे त्रिजटे! तू मेरे सती होने का प्रबन्ध करा दे। अब मैं इस संसार में अपने प्रिय राम के बिना नहीं रहूँगी। अब मेरा जीना व्यर्थ है।"

सीता को इस प्रकार विलाप करते देख त्रिजटा ने कहा, "हे जानकी! तुम व्यर्थ में विलाप करके जी छोटा मत करो। मेरा विश्वास है, राम-लक्ष्मण दोनों जीवित हैं, केवल मूर्छित हो गये हैं। यह देखो वानर सेना फिर युद्ध के लिये लौट रही है। सुग्रीव और विभीषण उनके चेतन होने की प्रतीक्षा कर रहे हैं। मेरा अनुमान मिथ्या नहीं है। वे उठकर फिर युद्ध करेंगे और रावण का वध करके तुम्हें अवश्य ले जायेंगे, तुम धैर्य धारण करो।"

इस प्रकार सीता को समझा-बुझा कर त्रिजटा सीता सहित विमान को पुनः अशोकवाटिका में ले आई।

नागपाश में बँधे राम और लक्ष्मण काफी देर तक भूमि पर पड़े रहे। तभी अकस्मात् जोर से आँधी चलने लगी, आकाश में घने बादल छा गये। इतने में ही आकाशमार्ग से विनिता का पुत्र गरुड़ उड़ता हुआ आया। उसने दोनों भाइयों के पास बैठकर उनके शरीर का स्पर्श किया। गरुड़ के स्पर्श करते ही समस्त नाग भयभीत होकर पृथ्वी में छिप गये। नागों के बन्धन से मुक्त होने पर राम और लक्ष्मण ने अपने नेत्र खोले। उनके पीले पड़े हुये मुखमण्डल फिर

नवीन आभा से चमकने लगे। चैतन्य होकर राम ने गरुड़ को धन्यवाद देते हुये कहा, "हे वैनतेश! तुम्हारे अनुग्रह से हम दोनों भाई इस बन्धन से मुक्त हुये हैं। हम तुम्हारा कैसे आभार प्रदर्शन कर लकते हैं?"

राम की यह विनम्र वाणी सुनकर गरुड़ ने उत्तर दिया, "हे राघव! मैं तुम्हारा मित्र हूँ। वन में विचरण करते हुये मैंने सुना था कि मेघनाद ने तुम्हें इस नागपाश में बाँध लिया है जिसे देवता, राक्षस, यक्ष, गन्धर्व कोई भी नहीं खोल सकते। इसलिये मैं मित्र धर्म के नाते यहाँ आ पहुँचा और मैंने तुम्हें नागपाश से मुक्त करा दिया। भविष्य में अधिक सतर्क रहकर युद्ध करना क्योंकि ये राक्षस बड़े कपटी तथा मायावी हैं।"

इतना कहकर गरुड़ ने उनसे विदा ली।

राम और लक्ष्मण को पूर्णतया स्वस्थ पाकर वानर सेना के आनन्द का पारावार न रहा। वे रघुवीर की जयजयकार करके बाजे-नगाड़े, रणभेरी आदि बजाकर राक्षसों को भयभीत करने लगे।

24

धूम्राक्ष और वज्रदंष्ट्र का वध

जब हर्षोन्मत्त वानरों का तुमुलनाद सुन कर रावण को आश्चर्य हुआ और आशंका ने उसे आ घेरा। उसने तत्काल मन्त्रियों से कहा, "वानरसेना में इतना उत्साह कैसे आ गया? मेघनाद ने तो राम और लक्ष्मण का वध कर दिया था। शीघ्र पता लगाकर बताओ, इसका क्या कारण है? कहीं भरत तो अयोध्या से विशाल सेना लेकर नहीं आ गया? आखिर ऐसी कौन सी बात हुई है जो वानर सेना राम की मृत्यु का दुःख भी भूलकार गर्जना कर रही है।"

तभी एक गुप्तचर ने आकर सूचना दी कि राम और लक्ष्मण मरे नहीं हैं, वे नागपाश से मुक्त होकर युद्ध की तैयारी कर रहे हैं।

यह सुनते ही रावण का मुख फीका पड़ गया। उसने क्रोधित होकर पराक्रमी धूम्राक्ष को आज्ञा दी, "हे वीरश्रेष्ठ धूम्राक्ष! तुमने अब तक अनेक बार अद्भुत पराक्रम प्रदर्शित किया है। तुम सहस्त्रों वीरों को अकेले मार सकते हो। एक विशाल सेना लेकर जाओ और राम-लक्ष्मण सहित शत्रु सेना का वध करो।"

रावण की आज्ञा पाते ही शूल, गदा, तोमर, भाले, पट्टिश आदि शस्त्रों से युक्त राक्षसों की विशाल सेना लेकर धूम्राक्ष रणभूमि में जा पहुँचा। इस विशाल वाहिनी को देख कर वानर सेना घोर गर्जना करती हुई उस पर टूट पड़ी। धूम्राक्ष कंकपत्रों वाले तीक्ष्ण बाणों से वानरों को घायल करने लगा। वे भी राक्षसों के वार बचाकर बड़े-बड़े शिलाखण्ड ले आकाश में उड़ कर उन पर फेंकने लगे। आकाश को उद्यत राक्षसी सेना को अपने प्राण बचाने कठिन हो गये। फिर भी राक्षस सेना का एक भाग अपने प्राणों की चिन्ता न करके बाणों, त्रिशूलों आदि से वानरों का लहू बहा रहा था। चारों ओर रक्त की नदियाँ बहने लगीं। जिधर देखो उधर ही राक्षसों और वानरों के रुण्ड-मुण्ड दिखाई देते थे। कानों के पर्दों को फाड़ने वाला चीत्कार और हाहाकार सुनाई दे रहा था। रणोन्मत्त धूम्राक्ष हताहत वीरों के शरीरों को रौंदता हुआ अपने अग्नि बाणों से वानर सेना को भस्मीभूत कर रहा था। उसके आक्रमण की ताव न लाकर वानर सेना इधर-उधर भागने लगी।

अपनी सेना की यह दुर्दशा देख कर हनुमान ने क्रोध से भरकर एक विशाल शिला उखाड़ी और लक्ष्य तानकर धूम्राक्ष की ओर फेंक दी। उस शिला को अपनी ओर आते देख वह फुर्ती से रथ से कूद पड़ा। इस बीच में रथ चूर-चूर हो चुका था और घोड़े तथा सारथी मर चुके थे। राक्षस सेनापति को इस प्रकार बचता देख हनुमान का क्रोध और भी भड़क उठा। उन्होंने दाँतों, नाखूनों से उनके और धूम्राक्ष के बीच में आने वाले राक्षस समुदाय का विनाश करके मार्ग साफ कर लिया। जब उसने हनुमान को भयंकर रूप से अपनी ओर आते देखा तो लोहे के काँटों से भरी हुई गदा उठाकर उनके सिर पर दे मारी। हनुमान ने वार बचा कर एक भारी शिला उठाई और आकाश में उड़ कर धूम्राक्ष को दे मारी। इससे उसके शरीर की समस्त हड्डियाँ टूट गईं और वह पृथ्वी पर गिरकर यमलोक सिधार गया। उसके मरते ही राक्षस भी भाग छूटे।

रावण ने जब धूम्राक्ष की मृत्यु का समाचार सुना तो वह क्रोध से पागल हो गया। उसके नेत्रों से चिंगारियाँ निकलने लगीं। उसने वज्रदंष्ट्र को बुलाकर आज्ञा दी कि वह राम-लक्ष्मण तथा हनुमान सहित वानरसेना का वध करके अपने शौर्य का परिचय दे। वज्रदंष्ट्र जितना वीर था, उससे अधिक मायावी था। वह अपनी भीमकर्मा पराक्रमी सेना लेकर दक्षिण द्वार से चला। युद्धभूमि में पहुँचते ही उसने अपने सम्मुख अंगद को पाया जो अपनी सेना के साथ उससे युद्ध करने के लिये तत्पर खड़ा था।

वज्रदंष्ट्र को देखते ही वानर सेना किचकिचा कर राक्षसों पर टूट पड़ी। दोनों ओर से भयंकर मारकाट मच गई। सम्पूर्ण युद्धभूमि रुण्ड-मुण्डों, हताहत सैनिकों तथा रक्त के नालों एवं सरिताओं से भर गई। रक्त सरिताओं में नाना प्रकार के शस्त्र-शस्त्र, कटे हुये हाथ तथा मस्तक छोटे-छोटे द्वीपों की भाँति दिखाई देने लगे। अंगद तथा वानर सेनापतियों द्वारा बार-बार की जाने वाली सिंहगर्जना ने राक्षस सैनिकों का मनोबल तोड़ दिया। जब उन्हें अपने चारों ओर राक्षसों के कटे हुये अंग दिखाई देने लगे तो वह अपने प्राणों के मोह से रणभूमि से पलायन करने लगे।

अपनी सेना को मरते-कटते और कायरों की तरह भागते देख वज्रदंष्ट्र दोगुने पराक्रम और क्रोध से युद्ध करने लगा। उसने तीक्ष्णतर बाणों का प्रयोग करके वानरों को घायल करना आरम्भ कर दिया। क्रुद्ध वज्रदंष्ट्र के भयानक आक्रमण से पीड़ित होकर वानर सेना भी इधर-उधर छिपने लगी। उनकी यह दशा देखकर अंगद ने उस राक्षस सेनापति को ललकारा, "वज्रदंष्ट्र! तूने बहुत मारकाट कर ली। तेरा अंत समय आ गया है। अब मैं तुझे धूम्राक्ष के पास भेजता हूँ।" यह कहकर अंगद उससे जाकर भिड़ गये। दोनों महान योद्धा मस्त हाथियों की भाँति एक दूसरे पर प्रहार करने लगे। दोनों ही रक्त से लथपथ हो गये। फिर अवसर पाकर अंगद ने तलवार से वज्रदंष्ट्र का सिर काट डाला। अपने सेनापति के मरते ही राक्षस सेना मैदान से भाग खड़ी हुई।

25

अकम्पन का वध

वालिपुत्र अंगद के हाथ से वज्रदंष्ट्र के वध का समाचार सुनकर रावण ने सेनापति अकम्पन को उसके शौर्य एवं पराक्रम की प्रशंसा करते हुये राम-लक्ष्मण के विरुद्ध युद्ध करने के लिये भेजा। महापराक्रमी अकम्पन सोने के रथ में बैठकर असंख्य चुने हुये भयानक नेत्रोंवाले भयंकर राक्षस सैनिकों के साथ नगर से बाहर निकला। महासमर में देवता भी उसे कम्पित नहीं कर सकते थे, इसीलिये वह अकम्पन नाम से विख्यात था। रणभूमि में पहुँचते ही उसने दसों दिशाओं को कँपाने वाला सिंहनाद दिया। उसके सिंहनाद से अविचल वीर वानर सेना राक्षस दल पर टूट पड़ी। एक बार फिर अभूतपूर्व युद्ध आरम्भ हो गया। उन सबके ललकारने और गरजने के स्वर के सामने सागर की गर्जना भी फीकी प्रतीत होने लगी।

परस्पर युद्ध करते हुए वानरों और राक्षसों के द्वारा उड़ाई गई लाल रंग के धूल ने दसों दिशाओं को आच्छादित कर दिया और सम्पूर्ण वातावरण अन्धकारमय हो गया। उस महाअन्धकार में योद्धा अपने तथा विपक्षी दल के सैनिकों में भेद न कर सके। वानर वानरों को और राक्षस राक्षसों को मारने लगे। इस युद्ध में वीर वानर कुमुद, नल, मैन्द और द्विविद ने कुपित हो अपना उत्तम वेग प्रकट किया तथा उनके इस वेग से उत्साहित वानरों ने क्रुद्ध होकर वृक्षों, शिलाओं, दाँतों तथा नाखूनों से रिपुदल में भयंकर मारकाट मचा दी जिससे उसके पाँव उखड़ने लगे।

अपनी सेना के पैर उखड़ते देख अकम्पन मेघों के समान गर्जना करके अग्नि बाणों से वानर दल को जलाने लगा। वानर सेना को इस प्रकार अग्नि में भस्म होते देख परम तेजस्वी पवनपुत्र हनुमान ने आगे बढ़कर अकम्पन को ललकारा। जब अन्य वानरों ने हनुमान का रौद्ररूप देखा तो वे भी उनके साथ फिर फुर्ती से युद्ध करने लगे। उधर हनुमान को देखकर अकम्पन भी गरजा। उसने अपने तरकस से तीक्ष्ण बाण निकालकर हनुमान को अपने लक्ष्य बनाया। उन्होंने वार बचाकर एक विशाल शिला अकम्पन की ओर फेंकी।

जब तक वह शिला अकम्पन तक पहुँचती तब कर उसने अद्धर्चन्द्राकार बाण छोड़कर उस शिला को चूर-चूर कर दिया। इस प्रकार शिला के नष्ट होने पर हनुमान ने कर्णिकार का

वृक्ष उखाड़कर अकम्पन की ओर फेंका। अकम्पन ने अपने एक बाण से उस वृक्ष को भी नष्ट किया और एक साथ चौदह बाण छोड़कर हनुमान के शरीर को रक्तरंजित कर दिया। इससे हनुमान के क्रोध की सीमा न रही। उन्होंने एक विशाल वृक्ष उखाड़कर अकम्पन के सिर पर दे मारा। इससे वह प्राणहीन होकर भूमि पर गिर पड़ा। अकम्पन के मरते ही सारे राक्षस सिर पर पैर रख कर भागे। वानरों ने उन भागते हुये शत्रुओं को पेड़ों तथा पत्थरों से वहीं कुचल दिया। जो शेष बचे, उन्होंने रावण को अकम्पन के मरने की सूचना सुनाई।

26

प्रहस्त का वध

रावण अकम्पन को अदम्य समझता था इसलिये उसकी मृत्यु से रावण को भारी आघात पहुँचा। वह गहन शोक में डूब गया। रात्रि को वह शान्ति से विश्राम भी न कर सका। दूसरे दिन उसने मन्त्रियों को बुलाकर कहा, "वानरों की सेना हमारी कल्पना से भी अधिक शक्तिशाली और पराक्रमी सिद्ध हुई है। पिछले चार दिनों में हमारी बहुत सी सेना मारी जा चुकी है। सैनिकों का मनोबल टूटने लगा है। नागरिकों को शत्रु के घेरे के कारण बाहर से उपलब्ध होने वाली खाद्य सामग्री प्राप्त नहीं हो रही है।

वे अत्यन्त दुःखी हो रहे हैं। चार दिन के युद्ध को देखकर मैं इस निष्कर्ष पर पहुँचा हूँ कि शत्रु पर विजय प्राप्त करना साधारण राक्षसों के लिये सम्भव नहीं है। इसलिये हे वीर प्रहस्त! मुझे ऐसा प्रतीत होता है कि शत्रु को परास्त करने के लिये कुम्भकर्ण को, मेघनाद को, तुम्हें अथवा मुझे ही आगे आना पड़ेगा। अतः आज युद्ध का नेतृत्व तुम करो। तुम युद्ध कला विशारद हो। ये वानर चंचल और वीर तो हैं, परन्तु प्रशिक्षित नहीं हैं। तुम युद्ध नीति से उन पर विजय प्राप्त कर सकते हो। इसलिये हे वीर! तुम शीघ्र जाकर राम-लक्ष्मण सहित समस्त शत्रुओं का संहार कर मुझे निश्चिंत करो।"

अपने ऊपर इस प्रकार का विश्वास व्यक्त करते देख प्रहस्त ने कहा, "आज मैं अपने अतुल पराक्रम से शत्रु सेना का विनाश करके आप को निश्चिंत कर दूँगा। आज मेरे कृपाण के शौर्य से मैं रणचण्डी को प्रसन्न करके चील, कौवों, गीदड़ों आदि को शत्रु का माँस खिलाकर तृप्त करूँगा।"

इतना कहकर वह भयानक राक्षसों की सेना को लेकर युद्धस्थल की ओर चल दिया।

इस विशालकाय सेनापति को सदल-बल आते देख रामचन्द्र जी ने विभीषण से पूछा, "हे लंकापति! यह विशाल देह वाला सेनापति कौन है? क्या शूरवीर है?"

विभीषण ने उत्तर दिया, "हे रघुकुलतिलक! यह रावण का मन्त्री और वीर सेनापति प्रहस्त है। लंका की सेना का तीसरा भाग इसके अधिकार में है। यह बड़ा बलवान, पराक्रमी तथा युद्धकला विशारद है।"

यह सुनकर श्रीराम ने सुग्रीव से कहा, "हे वानराधिपति! ऐसा प्रतीत होता है कि रावण को इस पर बहुत विश्वास है। तुम इसे मारकर रावण का विश्वास भंग करो। इसके मरने पर रावण का मनोबल गिर जायेगा।"

राम का निर्देश पाते ही सुग्रीव ने श्रेष्ठ वानर सेनापतियों को यथोचित आज्ञा दी, जो बड़े वेग से राक्षसों पर टूट पड़े। राक्षस भी तोमर, त्रिशूल, गदा, तीर-कमान आदि से वानर सेना पर आक्रमण करने लगे। प्रहस्त ने स्वयं और उसके सेनानायकों ने अपने अप्रतिम रण कौशल से भयंकर दृश्य उपस्थित कर दिया और सहस्रों वानरों का सफाया करके रणभूमि को शवागार बना दिया। यह देख अनेक महारथी वानर अपनी पूरी शक्ति से राक्षसों से जूझने लगे।

उन्होंने भी भयानक प्रतिशोध लेकर सहस्रों राक्षसों को सदा के लिये समरभूमि में सुला दिया। एक ओर राक्षसों की तलवार से कट-कट कर सैकड़ों वानर भूमि पर धराशायी हो रहे थे तो दूसरी ओर वानरों के घूँसों और थप्पड़ों की मार से सहस्रों राक्षस रक्त की उल्टियाँ कर रहे थे। कभी वीरों की गर्जना से भूमि काँप उठती और कभी आहतों के चीत्कार से आकाश थर्रा उठता। ऐसा प्रतीत होता था कि रक्त की सरिता में बाढ़ आ गई है और उसने सागर का रूप धारण कर लिया है।

जब वानर वीर द्विविद ने महावीर नरान्तक के हाथों अपने सैनिकों की दुर्गति होती देखी तो एक भारी शिला का वार करके उसका प्राणान्त कर दिया। द्विविद के इस शौर्य से उत्साहित होकर दुर्मुख ने प्रहस्त के प्रमुख सेनापति समुन्नत को मार गिराया। उधर जाम्बवन्त ने एक भारी शिला से प्रहार करके महानाद का अन्त कर दिया। फिर तारा नामक वानर ने अपने नाखूनों से कम्भानु का पेट चीरकर उसे यमलोक भेज दिया।

कुछ ही क्षणों में इन चार सेनानायकों को मरते देख प्रहस्त ने क्रोध करके चारों दिशाओं में बाण छोड़ने आरम्भ कर दिये। इस आकस्मिक आक्रमण से अत्यधिक क्रुद्ध होकर वानर सेना अपने प्राणों का मोह छोड़कर शत्रुओं पर पिल पड़ी। उधर सेनापति नील पर्वत का एक टीला उठाकर प्रहस्त को मारने के लिये दौड़ा। मार्ग में ही प्रहस्त ने अपने बाणों से उस टीले की धज्जियाँ उड़ा दीं। इस पर नील ने एक दूसरा टीला उठाकर उसके रथ पर दे मारा जिससे उसका रथ टूट गया और घोड़े मर गये। रथ के टूटते ही प्रहस्त हाथ में मूसल लेकर नील को मारने के लिये दौड़ा। नील भी कम न था। दोनों परस्पर भिड़ गये।

अवसर पाकर प्रहस्त ने मूसल नील के सिर पर दे मारा जिससे उसका सिर फट गया और रक्त बहने लगा। इससे नील को और भी क्रोध आ गया। उसने फुर्ती से एक शिला उठाकर प्रहस्त के सिर पर पूरे वेग से दे मारा जिससे उसका सिर चूर-चूर हो गया और वह मर गया। प्रहस्त के मरते ही उसकी सेना ने पलायन कर दिया।

27

रावण कुम्भकर्ण संवाद

अग्निपुत्र नील के हाथों प्रहस्त के वध का समाचार सुनते ही रावण क्रोध से तमतमा उठा; किन्तु थोड़ी ही देर में उसका चित उसके लिये शोक से व्याकुल हो गया। उसके मन में भय उत्पन्न होने लगा। वह मन्त्रियों से बोला, "शत्रुओं को नगण्य समझकर मैं उनकी अवहेलना करता रहा इसी का परिणाम है प्रहस्त भी मारा गया। अब मैं समझता हूँ कि मुझे परमवीर कुम्भकर्ण को जगाकर रणभूमि में भेजना होगा। केवल वही ऐसा पराक्रमी है जो देखते-देखते शत्रु की सम्पूर्ण सेना का संहार कर सकता है।"

रावण की आज्ञा पाकर उसके मन्त्री ब्रह्मा के शाप के कारण सोये हुये कुम्भकर्ण के पास जाकर उसे जगाने लगे। जब वह चीखने-चिल्लाने और झकझोरने से भी न उठा तो वे लाठियों और मूसलों से मार-मार उसे उठाने लगे। साथ ही ढोल, नगाड़े तथा तुरहियों को बजाकर भारी शोर करने लगे, किन्तु उसकी नींद न खुली। अन्त में तोपों को दागकर, उसकी नाक में डोरी डालकर बड़ी कठिनाई से उसे जगाया गया। जब उसकी नींद टूटी तो माँस-मदिरा का असाधारण कलेवा करके वह बोला, "तुम लोगों ने मुझे कच्ची नींद से क्यों जगा दिया? सब कुशल तो है?"

कुम्भकर्ण का प्रश्न सुनकर मन्त्री यूपाक्ष ने हाथ जोड़कर निवेदन किया, "हे राक्षस शिरोमणि! लंका पर वानरों ने आक्रमण कर दिया है। अब तक हमारे बहुत से पराक्रमी वीरों तथा असंख्य राक्षस सैनिकों का संहार हो चुका है। मारे जाने वालों में खर-दूषण, प्रहस्त आदि महारथी सम्मिलित हैं। लंका भी जला दी गई है। ये सब वानर अयोध्या के राजकुमार राम की ओर से युद्ध कर रहे हैं। इस भयंकर परिस्थिति के कारण ही महाराज ने आपको जगाने की आज्ञा दी है। अब आप जाकर उन्हें धैर्य बँधायें।"

यह समाचार सुनकर कुम्भकर्ण स्नानादि से निवृत होकर राजसभा में रावण के पास पहुँचा। उसके चरणस्पर्श करके बोले, "महाराज! आपने मुझे किसलिये स्मरण किया है?"

कुम्भकर्ण को देखकर रावण प्रसन्न हुआ। वह बोला, "महाबली वीर! दीर्घकाल तक सोते रहने के कारण तुम्हें यहाँ के विषय में कोई जानकारी नहीं है। अयोध्या के राजकुमार राम

और लक्ष्मण वानरों की सेना को लेकर लंका का विनाश कर रहे हैं। उन्होंने समुद्र पर पुल बाँधकर उसे पार कर लिया है। इस समय लंका के चारों ओर वानर ही वानर दिखाई देते हैं। प्रहस्त, खर, दूषण आदि असंख्य वीर राक्षस सेना के साथ मारे जा चुके हैं। लंका में भय से त्राहि-त्राहि मच रही है। तुम पर मुझे पूर्ण विश्वास है। तुमने देवासुर संग्राम में देवताओं को खदेड़ कर जो अद्भुत वीरता दिखाई थी, वह मुझे आज भी स्मरण है। इसलिये तुम वानर सेना सहित दोनों भाइयों का संहार करके लंका को बचाओ।"

इसके अतिरिक्त रावण ने विभीषण के निष्कासन आदि की बातें भी उसे विस्तारपूर्वक बताईं।

यह सुनकर कुम्भकर्ण ने पहले तो रावण को नीति सम्बंधी बहुत सी बातें कहते हुए रावण को उपालम्भ दिया। फिर वह बोले, "भैया! आप भाभी मन्दोदरी और भैया विभीषण द्वारा दी हुई सम्मति के अनुसार कार्य करते तो आज लंका की यह दुर्दशा न होती। आपने मूर्ख मन्त्रियों के कहने में आकर स्वयं दुर्दिन को आमन्त्रण दिया है। परन्तु अब जो हो गया सो हो गया। उस पर पश्चाताप करने से क्या लाभ? अब आप के अनुचित कर्मों के फलस्वरूप उत्पन्न भय को मैं दूर करूँगा। मैं उन दोनों भाइयों का वध करूँगा और दुःखी राक्षसों के आँसू पोछूँगा। आप शोक न करें। मैं शीघ्र ही राम-लक्ष्मण का सिर आपके चरणों में रखूँगा।"

28

कुम्भकर्ण वध

शोकमग्न रावण को धैर्य बँधाकर कुम्भकर्ण युद्धभूमि में पहुँचा। स्वर्ण कवच से सुसज्जित कुम्भकर्ण ने हाथों में विद्युत के सदृश प्रकाशित भयंकर शूल उठा रखा था। लाखों चुने हुये सैनिकों को लेकर रणभूमि में पहुँचते ही उसने पृथ्वी को कँपा देने वाली भयंकर गर्जना की जिससे अनेक वानर मूर्छित होकर पृथ्वी पर गिर पड़े। इस विशाल पर्वताकार पराक्रमी राक्षस को देखकर साधारण वानरों की तो बात ही क्या; नल, नील, गवाक्ष तथा कुमुद जैसे पराक्रमी योद्धा भी भयभीत होकर रणभूमि से पलायन करने लगे। असंख्य वानर सैनिकों ने भी अपने इन सेनानायकों का अनुसरण किया।

अपनी सेना को इस प्रकार प्राणों के भय से भागते देख युवराज अंगद ने ललकार कर कहा, "हे वानरों! क्या इस प्रकार शत्रु को पीठ दिखाना तुम्हें शोभा देता है? तुम जैसे वीरों को भी प्राणों का मोह सताने लगा? धिक्कार है तुम्हें और तुम्हारी वीरता को! जिस कुम्भकर्ण को देखकर तुम भाग रहे हो, क्या वह कोई असाधारण योद्धा है? माँस मदिरा का सेवन करके उसका शरीर फूल गया है। वह तो बड़ी सरलता से मारा जायेगा। क्या रामचन्द्र जी के तेज के सम्मुख यह ठहर सकता है? आओ, लौटकर युद्ध करो। भागकर संसार में अपयश के भागी मत बनो।

अंगद के उत्साह भरे वचन सुनकर वानर सेना पुनः रणभूमि में लौट आई। वे प्राणों का मोह छोड़कर कुम्भकर्ण और उसकी सेना पर आक्रमण करने लगे। कुम्भकर्ण भी अपनी विशाल गदा के प्रहार से वानर सेना को मार-मार कर ढेर लगाने लगा। फिर भी शेष वानर वृक्षों तथा शिलाओं से राक्षस सेना का विनाश करने में जुटे रहे। कुम्भकर्ण उस समय साक्षात् यमराज प्रतीत हो रहा था। वह वानरों को गाजर मूली की भाँति काटकर ढेर लगाता जा रहा था। उसके चारों ओर हताहत वानरों के शरीर ही शरीर दिखाई दे रहे थे। क्रुद्ध होकर द्विविद ने एक पर्वत के टीले को उठाकर आकाश से कुम्भकर्ण के सिर पर मारा। कुम्भकर्ण तो उस वार से बच गया, किन्तु बहुत से राक्षस उसके नीचे दबकर मर गये।

राक्षसों की इतनी भारी क्षति से उत्साहित होकर वानरों ने दूने बल से राक्षस सेना का संहार आरम्भ किया जिससे सम्पूर्ण समरभूमि में रक्त की नदियाँ बहने लगीं। अब कुम्भकर्ण पर हनुमान भी आकाश मार्ग से पत्थरों की वर्षा करने लगे, परन्तु उस पर इसका कोई प्रभाव नहीं पड़ा। वह अपने शूल से पत्थरों के टुकड़े करके इधर-उधर छितराता रहा। इस प्रकार अपने वार खाली जाते देख हनुमान ने एक नुकीला वृक्ष उठाकर कुम्भकर्ण पर वार किया और उसका शरीर लहूलुहान कर दिया। उसने जब अपने शरीर से शोणित बहता देखा तो उसने वज्र के सदृश एक शूल पवनकुमार के मारकर उनकी छाती चीर दी। उसकी पीड़ा से वे व्याकुल हो गये। उनके मुख से रक्त बहने लगा हनुमान की यह दशा देखकर राक्षस सेना ने जयनाद किया और वे तीव्र वेग से मारकाट मचाने लगे।

हनुमान को घायल होता देख गन्धमादन, नील, ऋषभ, शरभ तथा गवाक्ष, पाँचों पराक्रमी सेनानायक एक साथ कुम्भकर्ण पर टूट पड़े। इस संयुक्त आक्रमण का भी उस पर कोई विशेष प्रभाव नहीं पड़ा। उसने पाँचों को पकड़कर इस प्रकार मसला कि वे मूर्छित होकर पृथ्वी पर गिर पड़े। अपने सेनानायकों को इस प्रकार मूर्छित होते देख वानर सेना एक साथ कुम्भकर्ण से चिपट गई। वह इससे भी विचलित नहीं हुआ और मुक्कों से मार-मार कर उनका सफाया करने लगा। सैकड़ों को उसने पूँछ पकड़-पकड़ कर फेंक दिया और बहुत से वानरों को पैरों के तले रौंद डाला।

जब उसके सम्मुख हनुमान, अंगद, नील, द्विविद, सुग्रीव जैसे वीर भी न ठहर सके और वानरों का अभूतपूर्व विनाश होने लगा तो सेना में भगदड़ मच गई। उन्होंने रामचन्द्र जी के पास जाकर गुहार की, "हे रघुवीर! कुम्भकर्ण ने हमारी सेना को तहस-नहस कर दिया है। हमारे बड़े-बड़े सेनापति घायल हो गये हैं। वह यमराज की भाँति हमारी सेना का घोर विनाश कर रहा है। ऐसा प्रतीत होता है कि वह हमारी सम्पूर्ण सेना को नष्ट कर डालेगा। इसलिये हम आपकी शरण में आये हैं। अब आप ही कुछ कीजिये, अन्यथा आज हमारी सेना का नामोनिशान नहीं बचेगा।

अपनी सेना की दुर्दशा का वृत्तान्त सुनकर लक्ष्मण का मुख क्रोध से रक्तवर्ण हो गया। वे राम की अनुमति लेकर कुम्भकर्ण से युद्ध करने के लिये चले। उनके पीछे-पीछे वानर सेनापति भी जयघोष करते हुये चले। अपने सम्मुख लक्ष्मण को देखकर कुम्भकर्ण ने हर्षनाद करते हुये कहा, "लक्ष्मण! मुझसे युद्ध करने का तुम्हारा साहस देखकर मैं प्रसन्न हुआ। तुम अभी बालक हो और मैं तुम्हारा वध नहीं करना चाहता। तुम लौट जावो और राम को भेजो, मैं उसका ही वध करूँगा।

इस प्रकार से लक्ष्मण का निरादर करके कुम्भकर्ण उस ओर दौड़ा जहाँ राम खड़े थे। कुम्भकर्ण को अपनी ओर आते देख वे उस पर रौद्र अस्त्रों से प्रहार करने लगे। जब इन अस्त्रों का उस पर कोई प्रभाव न पड़ा तो उन्होंने मयूर पंखों से सुसज्जित तीक्ष्ण बाण छोड़कर उसकी छाती फाड़ दी। इसकी पीड़ा से वह व्याकुल हो गया। उसके हाथों से गदा तथा अन्य अस्त्र छूटकर पृथ्वी पर गिर पड़े। जब रामचन्द्र जी के आगे उसकी एक न चली तो वह

खिसियाकर मुक्कों, लातों और थप्पड़ों से वानरों को मारने लगा। इस पर श्री राम ने उसे फिर ललकारा और तीक्ष्ण बाणों से उसके शरीर को छलनी कर दिया।

तब कुपित होकर कुम्भकर्ण ने पृथ्वी से एक भारी शिला उठाकर रामचन्द्र जी पर फेंकी जिसे उन्होंने सात बाण मारकर चूर-चूर कर दिया। फिर तीक्ष्ण नोक वाले तीन बाण छोड़कर उसका कवच तोड़ डाला। कवच के टूटते ही वानरों ने फिर उस पर धावा बोल दिया। उनसे घायल होकर वह क्रोध में इतना पागल हो गया कि उसे अपने और पराये का भी ज्ञान न रहा। उसने वानरों और राक्षसों सभी को मारना आरम्भ कर दिया। कुम्भकर्ण की यह दशा देखकर राम ने उसे फिर ललकार कर कहा, "अरे राक्षस! उन सैनिकों से क्या उलझ रहा है? इधर आकर मुझसे युद्ध कर।

राम की ललकार सुनते ही कुम्भकर्ण सामने आकर बोला, "हे राम! बहुत समय से मैं तुम्हारा वध करना चाहता था। आज सौभाग्य से तुम मेरे सम्मुख आये हो। मैं खर, दूषण, विराध या कबन्ध नहीं हूँ; मैं कुम्भकर्ण हूँ। मुझे अपने बल का परिचय दो।

कुम्भकर्ण की ललकार सुनकर रामचन्द्र जी ने अनेक अग्निबाण एक साथ छोड़े, परन्तु उन्हें कुम्भकर्ण ने मार्ग में ही नष्ट कर दिया। इस पर उन्होंने वायव्य बाण छोड़कर उसकी एक भुजा काट डाली। भुजा कटने पर क्रोध और पीड़ा से गर्जता हुआ भी वह वानरों का संहार करने लगा। इस भीषण मारकाट से भयभीत होकर वानर त्राहिमाम्-त्राहिमाम् कहते हुये रामचन्द्र जी के पीछे जाकर खड़े हो गये। तब रामचन्द्र जी ने ऐन्द्र नामक बाण से उसकी दूसरी भुजा भी काट डाली। फिर उन्होंने अद्र्धचन्द्राकार बाणों से उसके दोनों पैर काट डाले।

इससे वह भयंकर शब्द करता हुआ पृथ्वी पर गिर पड़ा। तब उन्होंने इन्द्र द्वारा दिया हुआ सूर्य की किरण की भाँति जाज्वल्यमान ब्रह्मदण्ड नामक बाण छोड़ा जो कुण्डलों से युक्त कुम्भकर्ण के मस्तक को काटकर आकाश में उड़ा और फिर उसे पृथ्वी पर गिरा दिया। कुम्भकर्ण के मरते ही वानर सेना में हर्ष की लहर दौड़ गई। उनके जयनाद ने सम्पूर्ण लंकापुरी को थर्रा दिया। कुम्भकर्ण के मरने के पश्चात् राक्षसों ने रावण को जाकर दुःखद संवाद सुनाया।

कुम्भकर्ण की मृत्यु का समाचार सुनकर रावण मूर्छित हो पृथ्वी पर गिर पड़ा। नरान्तक, देवान्तक, त्रिशिरा आदि राक्षस भी अपने चाचा की मृत्यु का समाचार सुनकर रोने लगे। जब रावण की मूर्छा भंग हुई तो वह विलाप करके रोने लगा। "हाय! आज मैं भाई को खोकर बिल्कुल असहाय हो गया। जिस कुम्भकर्ण के नाम से देव-दानव तक थर्राते थे, वह वीर आज मनुष्य और वानरों के हाथों मारा गया। तुम्हारे बिना आज यह राज्य मेरे किस काम का? तुमने ठीक ही कहा था कि मैंने विभीषण की बात न मानकर भूल की थी। हा कुम्भकर्ण! तुम मुझे अकेला क्यों छोड़ गये? बिना भाई के यह जीवन भी कोई जीवन है? मैं तुम्हारे बिना अब किस के भरोसे जिउँगा?" इस प्रकार विलाप करते हुये वह फिर मूर्छित हो गया।

जब रावण को फिर सुधि आई तो त्रिशिरा ने उसे धैर्य बँधाते हुये कहा, "पिताजी! चाचाजी के मरने का आप इतना शोक क्यों करते हैं? उन्होंने तो शत्रु के छक्के छुड़ाने के पश्चात्

ही वीर गति प्राप्त की है। अभी आपको निराश होने की क्या आवश्यकता है, आपके पास तो ब्रह्मा की दी हुई शक्ति है। उसी से आप सेना सहित राम का नाश कीजिये। हम सब भी आपके साथ चलेंगे। आप अभी शोकाकुल हैं विश्राम कीजिये। हमें रणभूमि में जाने की अनुमति दीजिये।"

त्रिशिरा के इन वचनों को सुनकर रावण को कुछ धैर्य बँधा और उसने अपने पुत्रों को युद्ध में जाने की अनुमति दे दी।

29

त्रिशिरा, अतिकाय आदि का वध

लंकेश रावण के आज्ञानुसार उसके चार पुत्र त्रिशिरा, अतिकाय, देवान्तक तथा नरान्तक अपने दो चाचाओं महोदर एवं महापार्श्व के साथ युद्ध करने के लिये चले। उनके पीछे हाथियों, घुड़सवारों, रथों की एवं पैदल सेना थी। युद्धभूमि में उनका सामना करने के लिये वानरों की अपार सेना पत्थरों, शिलाओं तथा बड़े-बड़े वृक्षों को लिये तैयार खड़ी थी। राक्षस सेना को देखते ही उन्होंने भयंकर गर्जना की और वे शत्रुओं पर टूट पड़ी। वानरों के पत्थरों एवं वृक्षों द्वारा किये जाने वाले आक्रमण के प्रतिउत्तर में राक्षस बाणों, लौह-मुद्गरों तथा अन्य शस्त्रों से वार करने लगे।

इस भयंकर युद्ध के परिणामस्वरूप थोड़ी ही देर में सम्पूर्ण रणभूमि रक्त-रंजित हो गई। राक्षस सेनानायकों ने इतनी भीषण मारकाट मचाई कि चारों ओर वानरों के हताहत शरीर दिखाई देने लगे। राक्षस सैनिकों की भी ऐसी ही दशा थी। उनके घायल शरीर वानरों के शरीरों के साथ मिलकर एक वीभत्स दृश्य उत्पन्न कर रहे थे। जिनके अस्त्र-शस्त्र समाप्त हो जाते थे या नष्ट हो जाते थे, वे परस्पर भिड़कर लात-घूँसों का प्रयोग करने लगते थे। राक्षस वानरों की पूँछ पकड़कर उन्हीं से अन्य वानरों को मारते थे तो वानर राक्षसों की टाँगें पकड़कर उन्हें घुमाते हुये अन्य राक्षसों पर वार करते थे। उस समय दोनों दल के पराक्रमी सैनिक निर्भय होकर शत्रुओं का विनाश करने में जुटे हुये थे।

जब वानर सेनानायकों ने राक्षसों को भारी संख्या में मार डाला तो रावण के पुत्र नरान्तक ने क्रोध में भरकर अपने रणकौशल का प्रदर्शन करते हुये थोड़ी ही देर में सहस्रों वानरों को मार गिराया। इससे वानर सेना में हाहाकार मच गया। यह हाहाकार सुन अंगद ने क्रोधित होकर नरान्तक को ललकारा।

अंगद की ललकार सुनकर नरान्तक ने गरजते हुये उसके वक्ष पर प्रास का वार किया किन्तु अंगद ने फुर्ती से प्रास को तोड़कर नरान्तक के रथ पर ऐसी लात जमाई कि उसका रथ पृथ्वी पर लुढ़क गया और उसके चारों घोड़े गिरकर मर गये। नरान्तक रथ से कूद पड़ा

और अंगद के सिर पर घूँसे ही घूँसे बरसाने लगा। तब अंगद ने भी बड़े जोर से उसकी छाती में घूँसा मारा जिससे उसकी आँखों की पुतलियाँ फिर गईं। वह रक्त वमन करता हुआ पृथ्वी पर ऐसा गिरा कि फिर वह कभी जीवित नहीं उठ सका। नरान्तक के मरते ही वानर सेना ने हर्षनाद किया।

नरान्तक के वध होते ही हाथी पर सवार रावण का भाई महोदर अंगद की ओर बढ़ा। भाई की मृत्यु का प्रतिशोध लेने के लिये देवान्तक और त्रिशिरा भी अपने-अपने रथ दौड़ाते हुये अंगद को मारने के लिये झपटे। तीनों महारथी एक साथ अंगद पर बाण छोड़ने लगे। तीनों के आक्रमणों का मुकाबला करते हुये अंगद ने सबसे पहले महोदर के हाथी को एक ऐसी लात जमाई कि वह गम्भीर गर्जना करता हुआ मैदान से भाग निकला। अंगद ने भागते हुये हाथी के दाँत उखाड़कर उनसे ही शत्रु का संहार करना आरम्भ कर दिया। जब हनुमान ने अंगद को तीन महारथियों से घिरा देखा तो उन्होंने लपककर देवान्तक की छाती में इतने जोर का मुक्का मारा कि वह वहीं तड़पकर ठंडा हो गया। अपनी आँखों के सामने देवान्तक को इस प्रकार मरते देखकर त्रिशिरा और महोदर के नेत्रों से ज्वाला फूटने लगी।

उन दोनों ने भयंकर बाणों की मार से अंगद, हनुमान सहित अनेक सेनानायकों को व्याकुल कर दिया। नील ने अपने वीरों को इस प्रकार घायल होते देख किलकिलाकर एक बहुत भारी शिलाखण्ड उखाड़ा। फिर उसे महोदर के सिर पर दे मारा। उसके नीचे महोदर पिस कर मर गया। इसके मरने पर त्रिशिरा ने वानर सेना पर एक साथ अनेक बाण छोड़े, किन्तु इस समय वानर सेना का साहस बढ़ा हुआ था और नरान्तक, देवान्तक तथा महोदर जैसे सेनापतियों के मारे जाने के कारण राक्षस सेना के पैर उखड़ने लगे थे। अवसर पाकर हनुमान ने कूदकर त्रिशिरा का सिर धड़ से अलग कर दिया।

इस प्रकार चार महारथियों के मारे जाने पर महापार्श्व ने क्रोध से उन्मत्त होकर लोहे की भारी गदा से वानरों पर वार करना आरम्भ कर दिया। देखते ही देखते बीसियों वानर उसकी क्रोधाग्नि में जलकर स्वाहा हो गये। उस समय उसकी रक्तरंजित गदा प्रलयंकर अग्नि की भाँति वानरों को अपना ग्रास बना रही थी। इस पर ऋषभ नामक तेजस्वी वानर योद्धा ने क्रुद्ध होकर महापार्श्व को बड़ी जोर से लात मारी। उस आघात को न सह सकने के कारण महापार्श्व पृथ्वी पर गिर पड़ा। उसके गिरते ही वानर सेना ने चारों ओर से उसे घेरकर उसका शरीर नखों और दाँतों से फाड़ डाला जिससे वह तड़प-तड़प कर मर गया।

इन पाँचों महारथियों की मृत्यु से सेनापति अतिकाय को बड़ा क्रोध और क्षोभ हुआ। वह अपना विशाल रथ लेकर वानर सेना में घुस आया। उसे अपने बल पर बड़ा गर्व था क्योंकि वह अनेक बार देवताओं और दानवों को लोहे के चने चबवा चुका था। उसके भयंकर संहार से त्रस्त वानर सैनिक त्राहि-त्राहि करते हुये रामचन्द्र जी के पास पहुँचे। उसके विराट रूप और अद्भुत रणकौशल को देखकर उन्होंने विभीषण से पूछा, "हे विभीषण! यह पर्वताकार अद्भुत वीर सेनानी कौन है जो वानर सेना का प्रलयंकर विनाश कर रहा है?"

विभीषण ने बताया, "यह रावण का पुत्र अतिकाय है। मन्दोदरी इसकी माता है। साहस और पराक्रम में यह रावण से किसी भी प्रकार कम नहीं है। इसने अपनी तपस्या के बल पर दिव्य कवच तथा रथ प्राप्त किये हैं। सहस्त्रों बार इसने देवताओं और दानवों को परास्त किया है। इसलिये आप इसे मारने का शीघ्र ही उपाय करें, अन्यथा यह हमारी सम्पूर्ण सेना का विनाश कर देगा।"

इतने में वानर सेना में अभूतपूर्व मारकाट मचाता हुआ अतिकाय रामचन्द्र जी के पास अपना रथ दौड़ाता आ पहुँचा और उनसे क्रोध तथा गर्वपूर्वक बोला, "हे तुच्छ मनुष्यों! तुम दोनों भाई मेरे हाथों से क्यों इन बेचारे वानरों का नाश कराते हो? इन्हें मारने में न तो मेरा पराक्रम है और न मेरी कीर्ति ही है। इसलिये मैं तुमसे कहता हूँ कि यदि तुममें युद्ध करने की क्षमता और साहस हो तो मेरे साथ युद्ध करो अन्यथा लौट जाओ और वानर सेना से युद्ध बन्द करने के लिये कह दो।"

अतिकाय के दर्प भरे इन वचनों को सुन कर लक्ष्मण बोले, "अरे राक्षस! तू बढ़-चढ़ जितनी बातें बना रहा है, उतना वीर तो तू दिखाई नहीं देता। तेरा सिर तेरे धड़ से मैं उसी प्रकार अलग कर दूँगा जिस प्रकार आँधी पके हुये ताड़ के फल को गिरा देती है। संभाल अपने अस्त्र-शस्त्र और देख, मेरे बाण तेरे वक्ष का कैसे रक्तपान करते हैं। लक्ष्मण के ये कठोर वचन सुनकर अतिकाय ने क्रुद्ध हो एक जलता हुआ बाण उन पर छोड़ा।

लक्ष्मण ने उस सर्पाकार बाण को अपने अद्र्धचन्द्राकार बाण से काटकर दूसरा अग्निबान उसके मस्तक को लक्ष्य करके छोड़ा जो सीधा उसके मस्तक में घुस गया जिससे रक्त का फौवारा छूट निकला। एक बार तो वह थर्रा गया, किन्तु शीघ्र ही संभलकर वह फिर आक्रमण करने लगा। दोनों ही वीर अपनी-अपनी रक्षा करते हुये अद्भुत रणकौशल का परिचय देने लगे। अतिकाय बार-बार सिंह गर्जना करके लक्ष्मण को आतंकित करना चाहता था, किन्तु इस गर्जना का उन पर उल्टा ही प्रभाव पड़ रहा था। जितना ही वह अधिक जोर से गरजता, उतने ही अधिक कौशल और स्फूर्ति से लक्ष्मण बाणों की वर्षा करते। जब अतिकाय का हस्तलाघव क्षीण होता दिखाई नहीं दिया तो लक्ष्मण ने क्रुद्ध होकर उस पर ब्रह्मशक्ति छोड़ी। अतिकाय ने उसे प्रत्याक्रमण करके रोकने का निष्फल प्रयास किया। उस ब्रह्मशक्ति ने अतिकाय का सिर काटकर उड़ा दिया। उसके मरते ही राक्षस सेना निराश होकर मैदान छोड़ गई।

30

मायासीता का वध

युद्ध में चार पराक्रमी पुत्रों और दो भाइयों के मारे जाने का समाचार सुनकर रावण को बहुत अधिक दुःख और रोष हुआ। हताश होकर वह सोचने लगा कि इस शत्रु से कैसे त्राण पाया जाये। अत्यधिक चिन्तन करने पर पर भी उसे कोई मुक्ति नहीं सूझ रही थी। अन्त में उसने मेघनाद को बुलाकर कहा, "हे पुत्र! शत्रुओं ने अपनी सेना के सभी श्रेष्ठ योद्धाओं को एक-एक करके मार डाला है। अब मुझे लंका में ऐसा कोई महावीर दिखाई नहीं देता जो राम-लक्ष्मण सहित वानर सेना का विनाश कर सके। अतः मेरी आशा तुम्हारे ऊपर ही टिकी हुई है। इसलिये अब तुम ही रणभूमि में जाकर दुर्दमनीय शत्रुओं का नाश करके लंका की रक्षा करो। तुमने महापराक्रमी इन्द्र को भी परास्त किया है तथा तुम सब प्रकार की युद्ध कला में प्रवीण भी हो। इसलिये तुम्हीं उनका विनाश कर सकते हो।"

पिता की आज्ञा के अनुसार मेघनाद दिव्य रथ में आरूढ़ हो विशाल राक्षसी सेना के साथ युद्धभूमि की ओर चला। मार्ग में वह विचार करने लगा कि राम और लक्ष्मण बड़े शक्तिशाली योद्धा हैं जिन्होंने प्रहस्त, कुम्भकर्ण, महोदर तथा अतिकाय जैसे पराक्रमी योद्धाओं का वध कर डाला। यदि किसी प्रकार इनका मनोबल टूट जाय तो इन पर विजय प्राप्त करना सरल हो जायेगा। इस प्रकार विचार करते हुये उसके मस्तिष्क में एक युक्ति आई। उसने अपनी माया के बल से सीता की आकृति का निर्माण किया और उसे रथ में रख लिया। इसके पश्चात् वह सिंह गर्जना करता हुआ वानर सेना के सम्मुख जा पहुँचा। मेघनाद सहित शत्रु सेना को सामने देखकर वानर शिला और वृक्ष लेकर उस पर टूट पड़े।

हनुमान भी एक भारी शिला उखाड़कर मेघनाद पर झपटे, परन्तु रथ में दीन-मलिन, दुर्बल सीता को देखकर ठिठक गये। फिर उन्होंने सीता को बचाकर मेघनाद पर वार करना आरम्भ कर दिया। हनुमान को लगातार अपने ऊपर वार करते देख वह एक हाथ से तलवार खींचकर दूसरे हाथ से मायानिर्मित सीता के केश पकड़ उसे झकझोरने लगा। सीता की यह दुर्दशा देखकर क्रोध और सन्ताप से विदीर्ण हुये पनवपुत्र बोले, "अरे नीच! ब्राह्मण की सन्तान होते हुये तुझे स्त्री पर हाथ उठाते लज्जा नहीं आती? धिक्कार है तेरी बुद्धि और बल

पर। एक अबला को मारकर अपनी वीरता को कलंकित करते हुये तुझे संकोच नहीं होता? रे दुष्ट! तू जानकी की हत्या करके कभी जीवित नहीं बच सकेगा।"

इतना कहकर हनुमान और वानर सेना पत्थर बरसाते हुये उसे मारने के लिये दौड़े, किन्तु मेघनाद और उसके सैनिकों ने उन्हें रथ तक नहीं पहुँचने दिया। उनके सारे प्रयत्नों को निष्फल कर दिया।

तब घोर गर्जना करता हुआ मेघनाद बोला, "हनुमान! स्त्री पर हाथ डालना यद्यपि धर्म के विरुद्ध है, किन्तु शत्रु को प्रत्येक प्रकार से पीड़ा पहुँचाना नीति के विरुद्ध नहीं है। इसलिये तेरे सामने ही मैं सीता का वध करूँगा। सीता ही सारे दुःखों की जड़ है। उसके मरने के बाद ही लंका में सुख-शान्ति स्थापित होगी।"

यह कहकर उसने माया से बनी सीता का सिर काट दिया। सिर कटते ही वानर सेना में निराशा फैल गई। वह दुःख के सागर में डूबकर किंकर्तव्यविमूढ़ सी खड़ी रह गई। इस दशा का लाभ उठाकर राक्षस बड़ी मात्रा में वानरों का विनाश करने लगे। उधर हनुमान ने दुःखी होकर रामचन्द्र जी को समाचार दिया कि मेघनाद ने हमारे सामने सीता जी का सिर तलवार से काट दिया और वे "हा राम! हा राम!!" कहती हुई स्वर्ग सिधार गईं। यह समाचार सुनते ही राम मूर्छित होकर पृथ्वी पर गिर पड़े। कुछ वानर उन्हें घेरकर चैतन्य करने का प्रयत्न करने लगे। लक्ष्मण भी शोकातुर होकर विलाप करने लगे। साथ ही वे अपने बड़े भाई को होश में लाने की चेष्टा भी करते जाते थे।

जब विभीषण ने यह संवाद सुना तो उसने आकर बड़ी कठिनाई से रामचन्द्र को सचेत किया और समझाते हुये कहा, "हे रघुनन्दन! हनुमान ने जो कुछ आपसे कहा है, वह सत्य नहीं है। सीता का वध किसी भी दशा में सम्भव नहीं है। रावण ऐसा कभी नहीं करेगा और न किसी को उन्हें स्पर्श करने देगा।

इसमें सन्देह नहीं कि मेघनाद ने आपके साथ छल किया है। इस समय वह रणभूमि में भी नहीं है। मेरी सूचना के अनुसार वह निकुम्मिला देवी के मन्दिर में यज्ञ करने के लिये गया है। इस यज्ञ के सम्पन्न हो जाने पर वह अपराजेय हो जायेगा। इसलिये आप तत्काल सेना सहित लक्ष्मण को उस मन्दिर में भेजकर यज्ञ को पूरा न होने दें और वहीं मेघनाद का वध करा दें। आप लक्ष्मण को आज्ञा दें। मैं भी उनके साथ जाऊँगा। आज यज्ञ पूर्ण होने से पहले मेघनाद का वध होना ही चाहिये।"

31

लक्ष्मण मेघनाद युद्ध

विभीषण की सम्मति के अनुसार रामचन्द्र जी ने लक्ष्मण जी को आज्ञा दी कि वे अपने पराक्रम का परिचय देकर मेघनाद का वध करें। अपने अग्रज की आज्ञा पाते ही लक्ष्मण कवच पहन, हाथ में धनुष बाण ले राम के चरणस्पर्श कर मेघनाद का वध करने के लिये चल पड़े। लक्ष्मण के पीछे-पीछे विभीषण, सुग्रीव, हनुमान, जाम्बवन्त तथा वानरों की विशाल सेना चली। निकुम्मिला देवी के मन्दिर के निकट मेघनाद के रक्षक के रूप में असंख्य पराक्रमी राक्षस हाथी, घोड़ों एवं रथों पर सवार युद्ध के लिये सन्नद्ध खड़े थे। लक्ष्मण को सेना सहित आते देख उन्होंने भयंकर हुंकार की।

हुंकार कि चिन्ता न कर लक्ष्मण तथा अंगद मारकाट मचाते हुये राक्षस सेना में घुस गये। शेष वानर सेना ने भी उनका अनुसरण किया और वृक्षों, पत्थरों तथा शिलाओं की मार से राक्षसों का विनाश करने लगे। बदले में वे भी तीर, भालों, तलवारों तथा गदाओं से वानरों पर प्रति आक्रमण करने लगे। दोनों ओर से होने वाली गर्जनाओं से सम्पूर्ण लंकापुरी गूँज उठी। दोनों ओर भयंकर कारकाट मच रही थी. सैनिकों के मस्तक, धड़, हाथ-पैर आदि कट-कट कर शोणित की सरिता में बह रहे थे। मृत शरीरों का एकत्रित ढेर रुधिर सरिता में द्वीप की भाँति प्रतीत हो रहा था।

अंगद, हनुमान और लक्ष्मण की भयंकर मार से राक्षस सेना त्राहि-त्राहि कर उठी और उनका आर्तनाद सुनकर मेघनाद यज्ञ पूरा किये बिना ही क्रुद्ध होकर युद्ध करने के लिये मन्दिर से निकल पड़ा। जब उसने लक्ष्मण के साथ विभीषण को भी देखा तो क्रोध से उसका मुख तमतमा गया। वह भ्रकुटि चढ़ाकर उससे बोला, "हे राक्षसकुलकलंक! तुम परम तेजस्वी पुलस्त्य वंश पर कलंक हो जिसने अपने सहोदर भाई के साथ विश्वासघात करके शत्रु का साथ दिया है। राम न तो हमारे वंश का है, न हमारा मित्र है और न कोई धर्मपरायण व्यक्ति ही है। फिर तुम उसका साथ क्यों दे रहे हो? यह मत भूलो कि अपना अपना होता है और पराया पराया ही होता है। धिक्कार है तुम्हारी बुद्धि पर जो तुम स्वयं दास बनकर सम्पूर्ण राक्षस जाति को एक विदेशी का दास बनाने के उद्यत हो गये। तुम याद रखना कि राम कभी

तुम्हारा सगा नहीं बनेगा। वह यह करकर तुम्हें मरवा देगा कि जो अपने सगे भाई का नहीं हुआ, वह हमारा क्या होगा?"

मेघनाद के कठोर वचन सुनकर विभीषण ने उत्तर दिया, "हे दुर्बुद्धे! तुझे प्रलाप करते समय यह भी ध्यान नहीं रहा कि मैं तेरे पिता का भ्राता हूँ। इसलिये तुझे मेरे साथ सम्मानपूर्वक वार्तालाप करना चाहिये। स्मरण रख, राक्षस कुल में जन्म लेकर भी मैं क्रूर व्यक्तियों की संगति से सदा बचता रहा हूँ। मैंने तुम्हारे पिता को भी उचित सम्मति दी थी, परन्तु उसे मानना तो एक ओर, उन्होंने भरी सभा में मेरा घोर अपमान किया। तुम लोग नीतिवान होने का दम्भ करके भी इस साधारण सी बात को भूल गये कि पराई स्त्री का हरण करना, पराया धन बलात् लेना और मित्र पर विश्वास न करना, तीनों ही विनाश के कारण बनते हैं। ये तीनों दुर्गुण तेरे पिता में आ गये हैं, इसलिये अब राक्षस वंश का नाश होने जा रहा है।"

विभीषण के इन शब्दों ने मेघनाद की क्रोधाग्नि और भी भड़का दिया और वह क्रोधित होकर अपने तीक्ष्ण बाणों से वानरों का संहार करने लगा। यह देख लक्ष्मण के क्रोध का पारावार न रहा। उन्होंने मेघनाद को ललकार कर उसके रथ को अपने बाणों से आच्छादित कर दिया। मेघनाद ने इन बाणों को काटकर अनेक बाण एक साथ छोड़े। दोनों में से कोई किसी से पीछे नहीं रहना चाहता था। वे गरज-गरज कर रणोन्मत्त सिंहों की भाँति युद्ध कर रहे थे। मेघनाद की गति जब मन्द पड़ने लगी तो वानर सेना ने उत्साहित होकर लक्ष्मण का जयघोष किया।

इससे मेघनाद को बहुत क्रोध आया। उसने एक साथ असंख्य बाण छोड़कर वानर सेना को पीछे धकेल दिया। तब लक्ष्मण ने तीक्ष्ण नोक वाले सात बाण छोड़कर उसका दुर्भेद्य कवच तोड़ डाला जिससे वह टुकड़े-टुकड़े होकर पृथ्वी पर बिखर गया। फिर तो मेघनाद के कवचहीन शरीर में नुकीले तीर घुसकर उसके शरीर को छलनी करने लगे।

इस भयंकर वार से विचलित हो गया और उसने एक हजार बाण मारकर लक्ष्मण के कवच के भी टुकड़े-टुकड़े कर डाले। अब दोनों मतवाले वीर बिना कवच के युद्ध करने लगे। दोनों के शरीरों में एक दूसरे के तीक्ष्ण बाण घुसकर शोणित की धाराएँ प्रवाहित करने लगे। साथ ही उनके बाण एक दूसरे के बाणों को काटकर चिनगारी भी उगलते जाते थे। उनके रक्तरंजित शरीर ऐसे प्रतीत हो रहे थे मानो वन में टेसू और सेमल के फूल खिल रहे हों। दोनों सेनाएँ इन वीर महारथियों का पराक्रम देखकर विस्मित हो रही थीं जो युद्ध से न हटते थे और न थकते थे।

32

मेघनाद वध

विभीषण ने क्रोध करके अग्नि के समान बाणों की बौछार करके राक्षस सेना का विनाश करना आरम्भ कर दिया। विभीषण की बाणवर्षा से प्रोत्साहित होकर वानर सेना पूरे बल से हनुमान के नेतृत्व में शिला और वृक्ष मारकर राक्षसों को यमलोक भेजने लगी। इस महायुद्ध को देखकर देवता-दानव सबके हृदय दहल गये। पृथ्वी पर शवों के अतिरिक्त वृक्षों एवं शिलाओं के समूह से गगनचुम्बी पर्वत बन गये। वहाँ लक्ष्मण और मेघनाद के बाणों से दसों दिशाएँ आच्छादित हो गईं, उनके बाणों से सूर्य छिप गया और चारों ओर अन्धकार छा गया। तभी सुमित्रानन्दन ने मेघनाद के रथ के चारों घोड़ों को मारकर सारथि का सिर काट डाला। यह देखकर राक्षसों के उत्साह पर पाला पड़ गया और वानर सेना में फिर से नवजीवन का संचार हो गया। तभी मेघनाद लपक कर दूसरे रथ पर चढ़ गया और उस पर से बाणों वर्षा करने लगा।

मेघनाद ने जब दूसरे रथ पर चढ़कर युद्ध करना आरम्भ किया तो विभीषण को बहुत क्रोध आया। उसने पूरे वेग से गदा का वार करके उसके रथ को चूर-चूर कर दिया और सारथि को मार डाला। अपने चाचा द्वारा किये गये इस विनाशकारी आक्रमण से मेघनाद जलभुन गया और उसने एक साथ दस बाण विभीषण को मारने के लिये छोड़े। मेघनाद के लक्ष्य को दृष्टि में रखकर लक्ष्मण ने अपने तीक्ष्ण बाणों से उन बाणों को मार्ग में ही नष्ट कर दिया।

अपना वार इस प्रकार खाली जाते देख मेघनाद क्रोध से उन्मत्त हो गया और उसने विभीषण को मारने के लिये वह शक्तिशाली बाण छोड़ा जो उसे यमराज से प्राप्त हुआ था। वह एक अद्भुत बाण था जिसे इन्द्र आदि देवता भी नहीं काट सकते थे और जिसके वार को तीनों लोकों में भी कोई सहन नहीं कर सकता था। इस यम बाण को अपनी ओर आता देख लक्ष्मण ने भी वह अप्रमेय शक्ति वाला बाण निकाला जो उन्हें कुबेर ने दिया था। उन बाणों के छूटने से सम्पूर्ण आकाश प्रकाश से जगमगा उठा।

वे दोनों एक दूसरे से टकराये जिससे भयानक अग्नि उत्पन्न हुई और दोनों बाण जलकर भस्म हो गये। अपने बाण को व्यर्थ जाता देख लक्ष्मण ने मेघनाद पर वरुणास्त्र छोड़ा। उस प्रलयंकारी अस्त्र का निवारण करने के लिये इन्द्रजित ने आग्नेय बाण छोड़ा। इसके परिणामस्वरूप लक्ष्मण का वरुणास्त्र निरस्त होकर पृथ्वी पर गिर पड़ा। लगभग उसी समय मेघनाद ने लक्ष्मण के प्राण लेने के लिये आसुरास्त्र नामक बाण छोड़ा। उसके छूटते ही सम्पूर्ण वातावरण में अन्धकार छा गया और कुछ भी देखना सम्भव नहीं रह गया। अपने इस सफलता पर मेघनाद ने बड़े जोर की गर्जना की, किन्तु दूसरे ही क्षण लक्ष्मण ने सूर्यास्त्र छोड़कर उस अन्धकार को दूर कर दिया जिससे पृथ्वी, आकाश एव सभी दिशाएँ पूर्ववत् चमकने लगीं।

उसी के साथ उन्होंने एक अद्वितीय बाण प्रत्यंचा पर चढ़ाते हुये यह कहकर कि 'यदि रघुवंशमणि महात्मा राम परम सत्यवादी, धर्मपरायण तथा दृढ़व्रती हैं तो हे बाण! तू शीघ्र जाकर दुष्ट मेघनाद को यमलोक पहुँचा' वेदमन्त्रों का उच्चारण करते हुये उन्होंने वह बाण छोड़ दिया। तीनों लोकों का क्षय करने की सामर्थ्य वाला वह अजेय बाण सम्पूर्ण वातावरण को प्रकाशित करता हुआ मेघनाद को लगा और उसका मस्तक उड़ाकर आकाश में बहुत दूर तक ले गया।

मेघनाद का मस्तकविहीन धड़ बड़े जोर का धमाका करता हुआ पृथ्वी पर गिरा। इन्द्र को भी समरभूमि में पराजित करने वाले, सम्पूर्ण देवताओं एवं दानवों को अपने नाम से ही भयभीत करने वाले इस परम पराक्रमी मेघनाद का सुमित्रानन्दन के हाथों वध होता देख वानर सेना के आनन्द की सीमा न रही। वे बड़े जोर से हर्षध्वनि और सिंह गर्जना करते हुये राक्षसों को चुन-चुन कर मारने लगे। लंका के महत्त्वपूर्ण स्तम्भ तथा राक्षसकुल के परम तेजस्वी युवराज को इस प्रकार मरते देख राक्षस सेना का मनोबल टूट गया।

उनके पैर उखड़ गये। कुछ साहसी राक्षस आधे मन से लड़ते रहे और शेष प्राण बचाकर लंका की ओर दौड़े। वानर सेना उस समय विजयोन्माद से उन्मत्त हो रही थी। उसने भागते हुये राक्षसों को भी न छोड़ा और उन पर निरन्तर पत्थरों से आक्रमण करते रहे। जो उनकी पकड़ में आ गये, उन्हें नाखूनों और दाँतों से चीर डाला। एक ओर राक्षस हाहाकार करते हुये भागे जा रहे थे तो दूसरी ओर ऋक्ष एवं वानर राम-लक्ष्मण की जयजयकार करते हुये उन्हें खदेड़ रहे थे। देवताओं एवं ऋषि-मुनियों के भयंकर शत्रु के मर जाने पर सब लोग प्रसन्न हो हर्षनाद कर रहे थे।

33

लक्ष्मण मूर्छित

इस भयंकर युद्ध में लक्ष्मण ने रावण की ध्वजा काटकर उसके सारथि का वध कर डाला और रावण के धनुष को काट डाला। साथ ही विभीषण ने भी अपनी गदा से रावण के रथ के घोड़ों को मार डाला। विभीषण के इस कृत्य से रावण को इतना क्रोध आया कि उसने विभीषण पर एक प्रज्वलित शक्ति चलाई किन्तु विभीषण के पास आने के पहले ही लक्ष्मण ने उस शक्ति को अपने बाणों से नष्ट कर दिया।

इस पर अत्यन्त क्रोधित होकर रावण ने विभीषण पर ऐसी अमोघ शक्ति चलाई जिसका वेग काल भी न सह सकता था। विभीषण के प्राण संकट में देख लक्ष्मण स्वयं आगे बढ़कर शक्ति के सामने खड़े हो गये। वज्र और अशनि के समान गड़गड़ाहट उत्पन्न करने वाली तथा विषधर सर्प के समान वह भयंकर महातेजस्वी शक्ति लक्ष्मण आकर लगी। उस नागराज वासुकी की जिह्वा के समान देदीप्यमान शक्ति ने लक्ष्मण के वक्ष को विदीर्ण कर दिया और वे रक्त से लथपथ होकर मूर्छित हो पृथ्वी पर गिर पड़े।

वानरों ने उस शक्ति को लक्ष्मण के शरीर में से निकालने का भरसक प्रयत्न किया, किन्तु सफल न हो सके। अन्त में श्री राम ने पूरी शक्ति लगा कर दोनों हाथों से खींचकर उसे बाहर निकाला और तोड़कर भूमि पर फेंक दिया। जब तक राम शक्ति को खींचकर निकालते रहे रावण निरन्तर बाणों की वर्षा करके उन्हें घायल करता रहा। शक्ति निकाल कर उन्होंने शीघ्र ही रावण को मार डालने की प्रतिज्ञा की। फिर वे रावण के साथ भयानक युद्ध करने लगे। जब रावण उनके बाणों को न सह सका तो वह घायल होकर रणभूमि से भाग गया।

श्रीराम लक्ष्मण के पास बैठकर नाना प्रकार से विलाप करने लगे। उनके विलाप से दुःखी सारी वानर सेना रोने लगी। तभी सुषेण ने कहा, "हे वीरशिरोमणि! आप दुःखी न हों। ये जीवित हैं, इनकी हृदयगति चल रही है।"

फिर हनुमान से कहा, "तुम शीघ्र ही महोदय पर्वत पर जाकर विशल्यकरणी, सावण्यकरणी, संजीवकरणी तथा संघानी नामक औषधियाँ ले आओ। उनसे लक्ष्मण के प्राणों की रक्षा हो सकेगी।" सुषेण के निर्देशानुसार हनुमान तत्काल महोदय गिरि पर जा

पहुँचे, परन्तु इन औषधियों की पहचान न होने के कारण उस शिखर को ही उखाड़ लाये जिस पर अनेक प्रकार की औषधियों के वृक्ष उग रहे थे। सुषेण ने इनमें से औषधियों को पहचानकर उनको कूट-पीस कर लक्ष्मण को सुँघाया। इससे वे थोड़ी ही देर में स्वस्थ होकर उठ खड़े हुये।

34

रावण वध

उधर रावण रथारूढ़ हो फिर युद्ध करने के लिये लौट आया। राम पृथ्वी पर खड़े होकर रथ में सवार रावण से युद्ध करने लगे तो देवराज इन्द्र ने उनके पास अपना रथ भिजवाकर प्रार्थना की कि वे उस पर सवार होकर युद्ध करें। दोनों ही पराक्रमी वीर रथों पर सवार होकर भीषण युद्ध करने लगे। उनके अद्भुत रण-कौशल को देखकर दिग्गज वीरों भी रोमांचित होने लगे। इधर रावण ने नागास्त्र छोड़ा तो उधर श्रीराम ने गरुड़ास्त्र।

रावण ने इन्द्र के रथ की ध्वजा काट डाली और घोड़ों को घायल कर दिया। रावण के बाणों से बार-बार आहत होने के कारण श्रीराम अपने बाणों को प्रत्यंचा पर नहीं चढ़ा पा रहे थे। जब रावण ने उन पर शूल नामक महाभयंकर शक्ति छोड़ी तो राम ने क्रोधपूर्वक इन्द्र द्वारा दी हुई शक्ति छोड़कर उस शूल को नष्ट कर दिया। फिर उन्होंने लगातार बाण वर्षा करके रावण को बुरी तरह घायल कर दिया। रावण की यह दशा देखकर उसका सारथी उसे रणभूमि से बाहर ले गया। अपने सारथी के इस कार्य से रावण को बहुत क्रोध आया और उस फटकार कर उसने रथ को पुनः रणभूमि में ले चलने आज्ञा दी।

श्रीराम के सम्मुख पहुँचकर वह फिर उन पर बाणों की वर्षा करने लगा। दोनों महावीर महारथियों के बीच फिर ऐसा भयंकर युद्ध आरम्भ हुआ कि वानरों और राक्षसों की विशाल सेनाएँ और पराक्रमी वीर अपने हाथों में हथियार होते हुये भी निश्चेष्ट होकर उनका रणकौशल देखने लगे। राक्षसों की दृष्टि रावण के पराक्रम पर अटकी हुई थी तो वानरों की श्रीराम के शौर्य पर। श्रीराम को अपनी विजय पर पूर्ण विश्वास था और परिस्थितियों को देखते हुये रावण समझ गया था कि उसकी मृत्यु निश्चित है। यह सोचकर दोनों रणकेसरी अपनी पूरी शक्ति से युद्ध करने लगे। पहले रामचन्द्र जी ने रावण के रथ की ध्वजा को एक ही बाण से काट गिराया। इससे क्रोधित होकर रावण चारों ओर गदा, चक्र, परिध, मूसल, शूल तथा माया निर्मित शस्त्रों की वर्षा करने लगा। दोनों ओर से भयानक घात-प्रतिघात होने लगे।

युद्ध विषयक प्रवृति और निवृति में दोनों ही रणपण्डित अपना-अपना अद्भुत कौशल दिखाने लगे। सनसनाते बाणों के घटाटोप से सूर्य की प्रभा लुप्त हो गई और वायु की गति भी मन्द पड़ गई। देव, गन्धर्व, किन्नर, यक्ष, सिद्ध, महर्षि सभी चिन्ता में पड़ गये। तभी अवसर पाकर महाबाहु राम ने एक विषधर समान बाण छोड़कर रावण का मस्तक काट डाला, परन्तु उसके स्थान पर रावण का वैसा ही दूसरा नया सिर उत्पन्न हो गया। जब श्रीराम ने उसे भी काट डाला तो वहाँ तीसरा शीश प्रकट हो गया। इस प्रकार बार-बार शीश कटने पर भी उसका अन्त नहीं हो रहा था।

यह दशा देखकर इन्द्र के सारथी मातलि ने कहा, "प्रभो! आप इसे मारने के ब्रह्मास्त्र का प्रयोग कीजिये। अब उसके विनाश का समय आ पहुँचा है। मातलि की बात सुनकर रघुनाथ जी को ब्रह्मा के उस बाण का स्मरण हो आया जो उन्हें अगस्त्य मुनि ने दिया था। उन्होंने रावण की छाती को लक्ष्य करके वह बाण पूरे वेग के साथ छोड़ दिया जिसने रावण के हृदय को विदीर्ण कर दिया। इससे रावण के प्राण पखेरू उड़ गये। रावण को मारकर वह बाण पृथ्वी में समा गया और पुनः स्वच्छ होकर श्रीराम के तरकस में लौट आया। रावण के विनाश और श्रीराम की विजय से समस्त लोकों में हर्ष की लहर दौड़ गई। चारों ओर श्रीराम की जयजयकार होने लगी। वानर सेना में आनन्द का पारावार न रहा। प्रत्येक सैनिक विजय गर्व से फूला न समाता था।

पराजित और मरे हुये भाई को देखकर विभीषण अपने आँसुओं को न रोक सका और वह फूट-फूट कर विलाप करने लगा और कहने लगा, "हे भाई! अहंकार के वशीभूत होकर तुमने मेरी, प्रहस्त, कुम्भकर्ण, इन्द्रजित, नरान्तक आदि किसी की भी बात न मानी। उसी का फल यह सामने आया। तुम्हारे मरने से नीति पर चलने वाले लोगों की मर्यादा टूट गई, धर्म का मूर्तिवान विग्रह चला गया, सूर्य पृथ्वी पर गिर पड़ा, चन्द्रमा अन्धेरे में डूब गया और जलती अग्नि शिखा बुझ गई।"

विभीषण को इस प्रकार विलाप करते देख श्रीराम ने उसे समझाया, "हे विभीषण! तुम्हें इस प्रकार शोक नहीं करना चाहिये। रावण असमर्थ होकर नहीं मरा है। उसने प्रचण्ड पराक्रम का प्रदर्शन किया है। इस प्रकार क्षत्रिय धर्म का पालन करते हुये मरने वालों के लिये शोक नहीं करना चाहिये। युद्ध में सदा विजय ही विजय मिले, ऐसा पहले भी कभी नहीं हुआ है। यह सोचकर उठो और संयत मन से प्रेत कर्म करो। मैं इसमें तुम्हें पूरा सहयोग दूँगा। बैर जीवनकाल तक ही रहता है। मरने के बाद उस बैर का अन्त हो जाता है। इसलिये यह जैसा तुम्हारा स्नेहपात्र है, उसी तरह मेरा भी है।"

35

मन्दोदरी का विलाप और रावण की अन्त्येष्टि

रावण की मृत्यु का समाचार सुनकर मन्दोदरी सहित उसकी सभी रानियाँ शोकाकुल होकर अन्तःपुर से निकल पड़ीं। वे चीख-चीख कर विलाप करने लगीं। 'हा आर्यपुत्र! हा नाथ!' पुकारते हुये वे कटी हुई लताओं की भाँति रावण के मृत शरीर पर गिर कर हाहाकार करने लगीं, "हाय! असुर, देवता और नाग जिसके भय से काँपा करते थे, आज उन्हीं की एक मनुष्य ने यह दशा कर दी। आपके प्रिय भाई विभीषण ने आपके हित की बात कही थी, उसे ही आपने निकाल बाहर किया। राक्षसशिरोमणे! ऐसी बात नहीं है कि आपके स्वेच्छाचार से हमारा विनाश हुआ है, दैव ही सब कुछ कराता है।"

मन्दोदरी बिलख-बिलख कर कह रही थी, "नाथ! पहले आपने इन्द्रियों को जीतकर ही तीनों लोकों पर विजय पाई थी, उस बैर का प्रतिशोध लेकर इन्द्रियों ने ही अब आपको परास्त किया है। खर के मरने पर ही मुझे विश्वास हो गया था कि राम कोई साधाराण मनुष्य नहीं है। मैं ने बारम्बार आपसे कहा था, रघुनाथ जी से बैर-विरोध न लें, किन्तु आप नहीं माने। उसी का आज यह फल मिला है। आपने महान तेजस्वी सीता का अपहरण किया।

वे संसार की महानतम पतिव्रता नारी हैं। उनका अपहरण करते समय ही आप जलकर भस्म नहीं हो गये, यही महान आश्चर्य है। आज वही सीता आपकी मृत्यु का कारण बन गई। हाय स्वामी! आपकी मृत्यु कैसे हो गई? आप तो मृत्यु की भी मृत्यु थे। फिर स्वयं ही मृत्यु के आधीन कैसे हो गये? महाराज! पतिव्रता के आँसू इस पृथ्वी पर व्यर्थ नहीं गिरते, यह कहावत आपके साथ ठीक-ठीक घटी है। आपने युद्ध में कभी कायरता नहीं दिखाई, परन्तु सीता का हरण करते समय आपने कायरता का ही परिचय दिया था। मैं शोक से पीड़ित हो रही हूँ औ आप मुझे सान्त्वना भी नहीं दे रहे। आज आपका वह प्रेम कहाँ गया?"

इन शोकविह्वल रानियों को देखकर श्रीराम ने विभीषण से कहा, "हे विभीषण! इन्हें धैर्य बँधाओ और अपने भाई का अन्तिम संस्कार करो।"

श्रीराम की आज्ञा पाकर विभीषण ने माल्यवान के साथ मिलकर दाह संस्कार की तैयारी की। शव को भली-भाँति सजाकर शवयात्रा निकाली गई जिसमें नगर के समस्त लंकानिवासियों और अन्तःपुर की सभी रानियों ने भाग लिया। वेदोक्त विधि से उसका अन्तिम संस्कार किया गया।

36

विभीषण का राज्याभिषेक और सीता की वापसी

युद्ध की समाप्ति पर श्री राम ने मातलि को सम्मानित करते हुए इन्द्र के दिये हुये रथ को लौटा दिया। तत्पश्चात उन्होंने समस्त वानर सेनानायकों की भूरि-भूरि प्रशंसा करते हुये उनका यथोचित सम्मान किया। फिर वे लक्ष्मण से बोले, "सौम्य! अब तुम लंका में जाकर विभीषण का राज्याभिषेक करो, क्योंके इन्होंने मुझ पर बहुत बड़ा उपकार किया है।"

रघुनाथ जी की आज्ञा पाकर लक्ष्मण ने प्रसन्नतापूर्वक सोने का घड़ा उठाया और एक वानर यूथपति को समुद्र का जल भर लाने का आदेश दिया। उन्होंने लंकापुरी में जल से भरे उस घट को उत्तम स्थान पर स्थापित किया। फिर उस जल से विभीषण का वेदोक्त रीति से अभिषेक किया। राजसिंहासन पर विराजमान विभीषण उस समय अत्यन्त तेजस्वी प्रतीत हो रहे थे। लक्ष्मण के पश्चात् अन्य सभी उपस्थित राक्षसों और वानरों ने भी उनका अभिषेक किया। विभीषण को लंका के सिंहासन पर अभिषिक्त देख उसके मन्त्री और प्रेमी अत्यन्त प्रसन्न हुये। वे श्रीराम की स्तुति करने लगे। उन्होंने अपने निष्ठा का आश्वासन देते हुये दहीं, अक्षत, मिष्ठान्न, पुष्प आदि अपने नये नरेश को अर्पित किये और 'महाराज विभीषण की जय', 'श्रीरामचन्द्र जी की जय' का उद्घोष किया। विभीषण ने सभी प्रकार की मांगलिक वस्तुएँ लक्ष्मण को भेंट की और रघुनाथ जी के प्रति भक्ति प्रकट की।

जब लक्ष्मण विभीषण का राज्याभिषेक कर लौट आये तो श्री रामचन्द्र जी ने हनुमान से कहा, "महावीर! तुम महाराज विभीषण की आज्ञा लेकर लंकापुरी में जाओ और वैदेही को यह समाचार दो कि रावण युद्ध में मारा गया है और वे लौटने की तैयारी करें।"

रघुनाथ जी की आज्ञा पाकर हनुमान विभीषण की अनुमति ले अशोकवाटिका में पहुँचे और वैदेही को श्रद्धापूर्वक प्रणाम करके बोले, "माता! श्री रामचन्द्र जी लक्ष्मण और सुग्रीव के साथ कुशल हैं। अपने शत्रु का वध करके वे अपने मनोरथ में सफल हुए। रावण अपनी सेना सहित युद्ध में मारा गया। विभीषण का राज्याभिषेक कर दिया गया है। इस प्रकार अब आप निर्भय हों। आपको यहाँ भारी कष्ट हुआ। इन निशाचरियों ने भी आपको कुछ कम कष्ट

नहीं दिया है। यदि आप आज्ञा दें तो मैं मुक्कों, लातों से इन सबको यमलोक पहुँचा दूँ।"

हनुमान की यह बात सुनकर सब निशाचरियाँ भय से थर-थर काँपने लगीं। परन्तु करुणामयी सीता बोलीं, "नहीं वीर! इसमें इनका कोई दोष नहीं है। ये तो रावण की आज्ञा का ही पालन करती थीं। इसके अतिरिक्त पूर्वजनित कर्मों का फल तो मुझे भोगना ही था। यदि फिर भी इन दासियों का कुछ अपराध हो तो उसे मैं क्षमा करती हूँ। अब तुम ऐसी व्यवस्था करो कि मैं शीघ्र प्राणनाथ के दर्शन कर सकूँ।"

पवनपुत्र ने लौटकर जब दशरथनन्दन को सीता का संदेश दिया तो उन्होंने विभीषण से कहा, "भाई विभीषण! तुम शीघ्र जाकर सीता को अंगराग तथा दिव्य आभूषणों से विभूषित करके मेरे पास ले आओ।"

आज्ञा पाकर विभीषण ने स्वयं वैदेही का पास जाकर उनके दर्शन किया और उन्हें श्री राम द्वारा दी गई आज्ञा कह सुनाई। पति का संदेश पाकर सीता श्रृंगार कर पालकी पर बैठ विभीषण के साथ उस स्थान पर पहुँचीं जहाँ उनके पति का शिविर था। फिर पालकी से उतरकर पैदल ही सकुचाती हुई अपने पति के सम्मुख जाकर उपस्थित हो गईं। आगे वे थीं और उनके पीछे विभीषण। उन्होंने बड़े विस्मय, हर्ष और स्नेह से पति के मुख का दर्शन किया। उस समय उनका मुख आनन्द से प्रातःकालीन कमल की भाँति खिल उठा।

37

रावण के जन्म की कथा

अगस्त्य मुनि ने कहना जारी रखा, "पिता की आज्ञा पाकर कैकसी विश्रवा के पास गई और उन्हें अपने अभिप्राय से अवगत कराया। उस समय भयंकर आँधी चल रही थी। आकाश में मेघ गरज रहे थे। कैकसी का अभिप्राय जानकर विश्रवा ने कहा कि भद्रे! तुम इस कुबेला में आई हो। मैं तुम्हारी इच्छा तो पूरी कर दूँगा परन्तु इससे तुम्हारी सन्तान दुष्ट स्वभाव वाली और क्रूरकर्मा होगी। मुनि की बात सुनकर कैकसी उनके चरणों में गिर पड़ी और बोली कि भगवन्! आप ब्रह्मवादी महात्मा हैं। आपसे मैं ऐसे दुराचारी सन्तान पाने की आशा नहीं करती। अतः आप मुझ पर कृपा करें। कैकसी के वचन सुनकर मुनि विश्रवा ने कहा कि अच्छा तो तुम्हारा सबसे छोटा पुत्र सदाचारी और धर्मात्मा होगा।

"इस प्रकार कैकसी के दस मुख वाले पुत्र का जन्म हुआ जिसका नाम दशग्रीव रखा गया। उसके पश्चात् कुम्भकर्ण, शूर्पणखा और विभीषण के जन्म हुये। दशग्रीव और कुम्भकर्ण अत्यन्त दुष्ट थे, किन्तु विभीषण धर्मात्मा प्रकृति का था। दशग्रीव ने अपने भाइयों सहित ब्रह्माजी की तपस्या की। ब्रह्मा के प्रसन्न होने पर दशग्रीव ने माँगा कि मैं गरुड़, नाग, यक्ष, दैत्य, दानव, राक्षस तथा देवताओं के लिये अवध्य हो जाऊँ। ब्रह्मा जी ने 'तथास्तु' कहकर उसकी इच्छा पूरी कर दी। विभीषण ने धर्म में अविचल मति का और कुम्भकर्ण ने वर्षों तक सोते रहने का वरदान पाया।

"फिर दशग्रीव ने लंका के राजा कुबेर को विवश किया कि वह लंका छोड़कर अपना राज्य उसे सौंप दे। अपने पिता विश्रवा के समझाने पर कुबेर ने लंका का परित्याग कर दिया और रावण अपनी सेना, भाइयों तथा सेवकों के साथ लंका में रहने लगा। लंका में जम जाने के बाद अपने बहन शूर्पणखा का विवाह कालका के पुत्र दानवराज विद्युविह्वा के साथ कर दिया। उसने स्वयं दिति के पुत्र मय की कन्या मन्दोदरी से विवाह किया जो हेमा नामक अप्सरा के गर्भ से उत्पन्न हुई थी। विरोचनकुमार बलि की पुत्री वज्रज्वला से कुम्भकर्ण का और गन्धर्वराज महात्मा शैलूष की कन्या सरमा से विभीषण का विवाह हुआ। कुछ समय पश्चात् मन्दोदरी ने मेघनाद को जन्म दिया जो इन्द्र को परास्त कर संसार में इन्द्रजित के

नाम से प्रसिद्ध हुआ।

"सत्ता के मद में रावण उच्छृंखल हो देवताओं, ऋषियों, यक्षों और गन्धर्वों को नाना प्रकार से कष्ट देने लगा। एक बार उसने कुबेर पर चढ़ाई करके उसे युद्ध में पराजित कर दिया और अपनी विजय की स्मृति के रूप में कुबेर के पुष्पक विमान पर अधिकार कर लिया। उस विमान का वेग मन के समान तीव्र था। वह अपने ऊपर बैठे हुये लोगों की इच्छानुसार छोटा या बड़ा रूप धारण कर सकता था।

विमान में मणि और सोने की सीढ़ियाँ बनी हुई थीं और तपाये हुये सोने के आसन बने हुये थे। उस विमान पर बैठकर जब वह 'शरवण' नाम से प्रसिद्ध सरकण्डों के विशाल वन से होकर जा रहा था तो भगवान शंकर के पार्षद नन्दीश्वर ने उसे रोकते हुये कहा कि दशग्रीव! इस वन में स्थित पर्वत पर भगवान शंकर क्रीड़ा करते हैं, इसलिये यहाँ सभी सुर, असुर, यक्ष आदि का आना निषिद्ध कर दिया गया है। नन्दीश्वर के वचनों से क्रुद्ध होकर रावण विमान से उतरकर भगवान शंकर की ओर चला। उसे रोकने के लिये उससे थोड़ी दूर पर हाथ में शूल लिये नन्दी दूसरे शिव की भाँति खड़े हो गये।

उनका मुख वानर जैसा था। उसे देखकर रावण ठहाका मारकर हँस पड़ा। इससे कुपित हो नन्दी बोले कि दशानन! तुमने मेरे वानर रूप की अवहेलना की है, इसलिये तुम्हारे कुल का नाश करने के लिये मेरे ही समान पराक्रमी रूप और तेज से सम्पन्न वानर उत्पन्न होंगे। रावण ने इस ओर तनिक भी ध्यान नहीं दिया और बोला कि जिस पर्वत ने मेरे विमान की यात्रा में बाधा डाली है, आज मैं उसी को उखाड़ फेंकूँगा। यह कहकर उसने पर्वत के निचले भाग में हाथ डालकर उसे उठाने का प्रयत्न किया। जब पर्वत हिलने लगा तो भगवान शंकर ने उस पर्वत को अपने पैर के अँगूठे से दबा दिया। इससे रावण का हाथ बुरी तरह से दब गया और वह पीड़ा से चिल्लाने लगा। जब वह किसी प्रकार से हाथ न निकाल सका तो रोत-रोते भगवान शंकर की स्तुति और क्षमा प्रार्थना करने लगा। इस पर भगवान शंकर ने उसे क्षमा कर दिया और उसके प्रार्थना करने पर उसे एक चन्द्रहास नामक खड्ग भी दिया।"

अगस्त्य मुनि ने कथा को आगे बढ़ाया, "एक दिन हिमालय प्रदेश में भ्रमण करते हुये रावण ने ब्रह्मर्षि कुशध्वज की कन्या वेदवती को तपस्या करते देखा। वह उस पर मुग्ध हो गया और उसके पास आकर उसका परिचय तथा अविवाहित रहने का कारण पूछा। वेदवती ने अपने परिचय देने के पश्चात् बताया कि मेरे पिता विष्णु से मेरा विवाह करना चाहते थे। इससे क्रुद्ध होकर मेरी कामना करने वाले दैत्यराज शम्भु ने सोते में उनका वध कर दिया। उनके मरने पर मेरी माता भी दुःखी होकर चिता में प्रविष्ट हो गई। तब से मैं अपने पिता के इच्छा पूरी करने के लिये भगवान विष्णु की तपस्या कर रही हूँ। उन्हीं को मैंने अपना पति मान लिया है।

"पहले रावण ने वेदवती को बातों में फुसलाना चाहा, फिर उसने जबरदस्ती करने के लिये उसके केश पकड़ लिये। वेदवती ने एक ही झटके में पकड़े हुये केश काट डाले। फिर यह कहती हुई अग्नि में प्रविष्ट हो गई कि दुष्ट! तूने मेरा अपमान किया है। इस समय तो मैं यह

शरीर त्याग रही हूँ, परन्तु तेरा विनाश करने के मैं अयोनिजा कन्या के रूप में जन्म लेकर किसी धर्मात्मा की पुत्री बनूँगी। अगले जन्म में वह कन्या कमल के रूप में उत्पन्न हुई। उस सुन्दर कान्ति वाली कमल कन्या को एक दिन रावण अपने महलों में ले गया। उसे देखकर ज्योतिषियों ने कहा कि राजन्! यदि यह कमल कन्या आपके घर में रही तो आपके और आपके कुल के विनाश का कारण बनेगी। यह सुनकर रावण ने उसे समुद्र में फेंक दिया। वहाँ से वह भूमि को प्राप्त होकर राजा जनक के यज्ञमण्डप के मध्यवर्ती भूभाग में जा पहुँची। वहाँ राजा द्वारा हल से जोती जाने वाली भूमि से वह कन्या फिर प्राप्त हुई। वही वेदवती सीता के रूप में आपकी पत्नी बनी और आप स्वयं सनातन विष्णु हैं। इस प्रकार आपके महान शत्रु रावण को वेदवती ने पहले ही अपने शाप से मार डाला। आप तो उसे मारने में केवल निमित्तमात्र थे।

"अनेक राजा महाराजाओं को पराजित करता हुआ दशग्रीव इक्ष्वाकु वंश के राजा अनरण्य के पास पहुँचा जो अयोध्या पर राज्य करते थे। उसने उन्हें भी द्वन्द युद्ध करने अथवा पराजय स्वीकार करने के लिये ललकारा। दोनों में भीषण युद्ध हुआ किन्तु ब्रह्माजी के वरदान के कारण रावण उनसे पराजित न हो सका। जब अनरण्य का शरीर बुरी तरह से क्षत-विक्षत हो गया तो रावण इक्ष्वाकु वंश का अपमान और उपहास करने लगा। इससे कुपित होकर अनरण्य ने उसे शाप दिया कि तूने अपने व्यंगपूर्ण शब्दों से इक्ष्वाकु वंश का अपमान किया है, इसलिये मैं तुझे शाप देता हूँ कि महात्मा इक्ष्वाकु के इसी वंश में दशरथनन्दन राम का जन्म होगा जो तेरा वध करेंगे। यह कहकर राजा स्वर्ग सिधार गये।

"रावण की उद्दण्डता में कमी नहीं आई। राक्षस या मनुष्य जिसको भी वह शक्तिशाली पाता, उसी के साथ जाकर युद्ध करने करने लगता। एक बार उसने सुना कि किष्किन्धापुरी का राजा वालि बड़ा बलवान और पराक्रमी है तो वह उसके पास युद्ध करने के लिये जा पहुँचा। वालि की पत्नी तारा, तारा के पिता सुषेण, युवराज अंगद और उसके भाई सुग्रीव ने उसे समझाया कि इस समय वालि नगर से बाहर सन्ध्योपासना के लिये गये हुये हैं।

वे ही आपसे युद्ध कर सकते हैं। और कोई वानर इतना पराक्रमी नहीं है जो आपके साथ युद्ध कर सके। इसलिये आप थोड़ी देर उनकी प्रतीक्षा करें। फिर सुग्रीव ने कहा कि राक्षसराज! सामने जो शंख जैसे हड्डियों के ढेर लगे हैं वे वालि के साथ युद्ध की इच्छा से आये आप जैसे वीरों के ही हैं। वालि ने इन सबका अन्त किया है। यदि आप अमृत पीकर आये होंगे तो भी जिस क्षण वालि से युद्ध करेंगे, वह क्षण आपके जीवन का अन्तिम क्षण होगा। यदि आपको मरने की बहुत जल्दी हो तो आप दक्षिण सागर के तट पर चले जाइये। वहीं आपको वालि के दर्शन हो जायेंगे।

"सुग्रीव के वचन सुनकर रावण विमान पर सवार हो तत्काल दक्षिण सागर में उस स्थान पर जा पहुँचा जहां वालि सन्ध्या कर रहा था। उसने सोचा कि मैं चुपचाप वालि पर आक्रमण कर दूँगा। वालि ने रावण को आते देख लिया परन्तु वह तनिक भी विचलित नहीं हुआ और वैदिक मन्त्रों का उच्चारण करता रहा। ज्योंही उसे पकड़ने के लिये रावण ने पीछे से हाथ

बढ़ाया, सतर्क वालि ने उसे पकड़कर अपनी काँख में दबा लिया और आकाश में उड़ चला।

रावण बार-बार वालि को अपने नखों से कचोटता रहा किन्तु वालि ने उसकी कोई चिन्ता नहीं की। तब उसे छुड़ाने के लिये रावण के मन्त्री और अनुचर उसके पीछे शोर मचाते हुये दौड़े परन्तु वे वालि के पास तक न पहुँच सके। इस प्रकार वालि रावण को लेकर पश्चिमी सागर के तट पर पहुँचा। वहाँ उसने सन्ध्योपासना पूरी की। फिर वह दशानन को लिये हुये किष्किन्धापुरी लौटा। अपने उपवन में एक आसन पर बैठकर उसने रावण को अपनी काँख से निकालकर पूछा कि अब कहिये आप कौन हैं और किसलिये आये हैं?

"रावण ने उत्तर दिया कि मैं लंका का राजा रावण हूँ। आपके साथ युद्ध करने के लिये आया था। वह युद्ध मुझे प्राप्त हो चुका है। मैंने आपका अद्भुत बल देख लिया। अब मैं अग्नि की साक्षी देकर आपसे मित्रता करना चाहता हूँ। फिर दोनों ने अग्नि की साक्षी देकर एक दूसरे से मित्रता स्थापित की।"

www.ingramcontent.com/pod-product-compliance
Lightning Source LLC
Chambersburg PA
CBHW021246170726
47993CB00014BA/2508